BLACK SWAN 黑天鹅图书

————————— 为 人 生 提 供 领 跑 世 界 的 力 量 —————————

BLACK SWAN

我怀着一颗崇敬的心祈祷
希望"一句完美的发言"可以让您的
智慧更加绚丽地展现出来

此致

敬礼

无论在任何场合
你都能够用简短且铿锵有力的话语
为自己带来欢呼与喝彩

一句话
你就亮了

[韩] 赵宽一　著　千太阳　译

吉林出版集团
北方妇女儿童出版社

随时随地手握话筒也不会感到害怕

"您是如何做到说出那样精彩的话语的呢？"

三十年来，在各种各样的场合下，我被邀请"讲一句话"的机会非常多，每当讲完之后都会听到类似上面那样的赞誉。于我而言，这是最好的夸奖。

但从另一个角度来讲，这令我深深地感到了一种不安。因为在这句赞美之中潜藏了他们对自己口才的否定。当他们对我说出一番溢美之词以后，接着就会这样向我诉苦：

"只要一站在众人面前，我就会感觉大脑一片空白，什么都想不起来。"

"难道就没有什么可以让人不会紧张发抖地做出精彩发言的秘诀吗？"

"我常常因使出了自认为的'必杀技'却反遭冷场而感到烦恼。"

我十分理解这种心情。尽管你掌握很多知识，但如不能将语言富于趣味、条理清晰地表达自己的意图，那么别人也不会认为你是那种在各方面都很有实力的人。假使你把事情做得很完美，可当你在众人面前发言的时候却总是瑟瑟发抖的话，那么就会让人认为你没有达到应有的职业水准。往往是那些说话有条理、表达很清晰的人，会给人一种精明能干的感觉。当然，这

对于口才不好的人来说是极不公平的，让人感到很委屈，可事实就是如此。

过去，只有那些公司高层、中层干部等"领导"才会在演讲上下功夫，而现如今，无论是应聘者，还是CEO（首席执行官），他们都需要在演讲、发言上花费很大的精力。因为他们是用语言来展现"自己"。从目前的情况来看，这不仅仅在职场上，就连全职主妇在同学会以及私人聚会等各种活动当中，站在大众面前发言的机会也越来越多。

每当这个时候，人们总是感叹"如果我能做出精彩的发言那该多好"，在我们的日常对话中，即便你伶牙俐齿，可一旦手握话筒在众人面前演讲，也会感到些许不好意思，当然，起码在我们心里就是这样认为的。那么产品发布的演说与企划方案的演讲，由于事先在材料和内容上的准备比较充实，因而让人从心理上不会感到很紧张。但如果让你在毫无准备的情况下，突然进行即席演讲，那么将会有一种无以言状的无措与惊慌油然而生。

怀着一种希望能为上述人群提供最实用的方法和帮助的心情，我写下了这本书。身为大学教授、企业董事长的撰稿人，一个团队的CEO，广播节目的主持人，专职演讲者，三十年间我经历了无数次"讲一句话"的场合。这些切身的经历使我积累了丰富的经验，同时还开发了一些语言表述的技巧，希望可以通过这本书，向"说话技巧的初学者"们传授熟练、灵活地掌握这些技巧的要领和方法。

有些人即便阅读了一些有关说话技巧的书，但仍然不能在实际当中灵活运用，因而不得不又去寻找其他方法。在此，我真心希望这些人能从这本书中轻而易举地获得说话的技巧，并且可以立即灵活运用，这也是我写本书的初衷。我把诸多实例展现在书中，再交到那些即将演讲的人的手中，让他们感觉到读完这本书就如同掌握了鲜活而丰富的生活材料一样，这便是本书想要达到的效果，也是我写作此书的目的。

当读者翻开这本书，就会有一种上台演讲的冲动，因为它给了你组织精彩语言的灵感，让你能够潇洒自如地应对"即席演讲"，使你可以游刃有余地面对诸如自我介绍、证婚致辞、主持节目等各种演讲场合，同时还会赢得人们的称颂与赞赏。

其实你只需要巧妙地运用数字或统计的方法，去复制书中的某个句子，粘贴在你所需运用的场所，在紧急状况下脱口而出而已。假如本书所介绍的

方法都能够为你所用，那么你一定能在各种场合成为"一句完美的发言"的演讲达人，让你通过"一句完美的发言"秀出一个完美的你。

　　说到这里，相信各位已经迫不及待地想一睹为快。那么就让各位随我直奔主题！用我的良方来驱除各位对"一句发言"的恐惧心理，从而给各位带来自信和活力的契机。

赵宽一

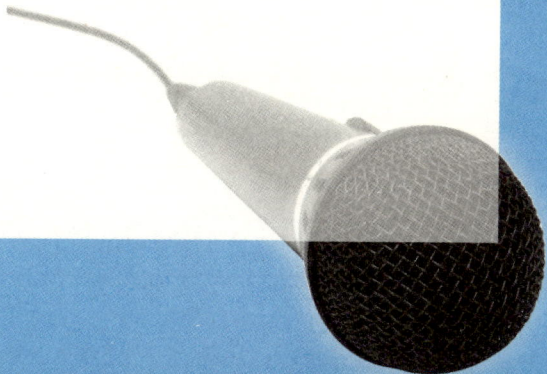

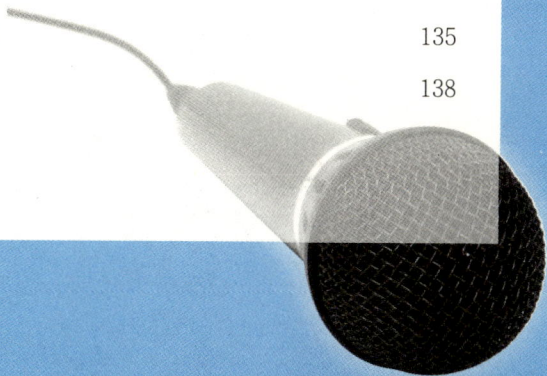

Part 5 幽默的"等级"依仗一句话的"等级"　　　159

Part 1

漂亮地说一句

自我介绍、各种贺词、会议中……

　　无论参加何种聚会，各位都会遇到很多"讲一句"的机会。但是很多人不能演讲"完美的一句发言"，理由是"自己口才不好……"从而一再躲避。在我们周围，这样的人非常多。对于演讲，他们总是怀有一种恐惧心理，从来没有想过要挑战一番，反而以自己天生不会演讲而进行自我安慰，甚至一遇到要讲话的场合就选择逃跑。无论站在任何人面前说话，都会紧张得发抖，总是担心说错话而丢人现眼。

　　但是读者朋友们，遇到这种情况，请不要再选择逃跑了！因为找到道路，就会看到方法，只要稍微下点功夫就可以。众所周知，话语当中的"啊"和"呀"也是不一样的，小小的差异就会带来截然不同的结果。从现在开始学习那些能够制造小小差异的基本方法吧。

自我管理的核心是
"说话的技巧"

"请您给大家讲句话吧。"

参加同门会的朴女士，被主持人郑重地邀请给各位讲一句话。虽然朴女士不是同门会的领导干部，但是在与座的各位中，她是最佳的发言人选，因此就受到了这样的礼遇。这是朴女士事先完全没有预想到的情况。如果之前稍稍提醒她一下也好，那样的话她就可以稍做准备了。

于是，她下意识地从座位上站起来，接过主持人递过来的麦克风准备讲话。

"嗯……也没有什么特别要讲的。呃，所以……"

朴女士就这样磕磕巴巴地说了几句连自己都不知所云的话之后，慌慌张张地坐回自己的座位上。由于没有做好演讲，脸红红的，羞愧不已，搞得很不自在。后来她一直都沉浸在这样的情绪当中，同时在心里还不断地责怪自己。不管怎么说自己也算是一个资深的大师姐了，怎么连几句起码的客套话都没有说出来呢，真令人后悔、懊恼。但是覆水难收，尴尬的局面已然形成。朴女士感觉自己就像一个什么都不懂的傻瓜一样，并且从内心对那位突然让自己陷入窘境的主持人感到不满，认为这种突如其来的邀请太不通情理了。

在这次聚会的整个过程中，朴女士一直都在为自己失败的演讲而懊悔。假如能够抓住这个展现自己的机会做出一番精彩的演讲那该多好啊，可惜啊，非但没露脸，反倒丢脸……

"真精彩！"

当金代理结束简洁的发言之后，朴部长的心里暗暗感叹道。平时一直觉得金代理是个沉默寡言的人，可真没有想到竟然能做出那么精彩的即兴演讲。听了他的演讲，感觉他是一个极富内涵的人。朴部长开始对金代理刮目相看，并且对他比过去更有好感。

从上述的例子中各位体会到了什么呢？是不是感觉到假如一个人拥有了一流的演讲口才，会让人生更加精彩，会让整个人都充满了魅力，会迎来更多赞赏的眼光？根据调查，职场中百分之八十以上的人都认为："只要拥有一流的演讲口才，就能顺利晋升。"当然，这不仅仅是"认为"，而是"事实"。

　　显而易见，百分之八十以上的职场人士认为："只要拥有一流的演讲口才，就能顺利晋升。"

　　也就是说，每十位职场人士中就有八位认为："会说话才能够顺利晋升。"一家学术研究院在对二百一十九位职场人士的调查中，居然有百分之七十七的人认为："口才好的人晋升率比较高。"而有百分之七十三的人感觉，由于"口才"问题使得自己在职场当中有很大压力。当问到在哪些方面表现得最为突出时，百分之三十七的人认为是和"公司外部人员会面"的时候，百分之三十一的人认为是在"讲解企划案"的时候，百分之十六的人认为是在"和上司或同事对话"的时候。同时近一半以上的人认为，在职场中自己的口才并没有得到认可，而百分之八十九的人表示，希望在口才方面受到培训，从而在职场中可以受到大家的认可。

　　——《韩国新闻》（2009年7月25日）新闻纪实中整理

● 一流的母语演讲口才，比流利的外语口语更占有优势

口才已经在很大程度上成为一种核心的竞争力。假如你无视口才，那么你必定会输在职场的竞争中，你就会被当今的职场所淘汰。

现如今，人们已经逐步地意识到说话的重要性。英国前首相戈登·布朗曾说过："为了训练口才和声音所投入的时间和金钱，是比任何一项投资的回报都要大的投资。"

世界经营学大师彼得·德鲁克（Peter F.Druker）也认为，在人的诸多能力中，自我表达是最重要的一项能力。他断言"21世纪是口才和领导力的时代"，同时还强调："一个人最重要的能力便是自我表达的能力，现如今的经营和管理都是取决于演讲和口才。"

即便没有这些人的劝告，有口才的人将会在社会中更加容易立足，这已是一个不容争辩的事实。"说话的技巧"已经成为自我管理的核心。

如果说，"一句话"有着如此重要的作用，那么我们必须要努力提高说话的能力，从而提升"一句话"的质量。然而我们究竟需要付出多少努力呢？我觉得没有几个人敢说自己曾为此付出过很多努力或者现在一直在为此而努力着。尽管大家都认识到口才的重要性，但真正有意识地去训练的人却并不多。尽管很多人也会自觉不自觉地阅读一些有关口才训练方面的书，但是也只是走马观花一样地胡乱翻翻而已。真正持续不断地付出努力并从而积累能力的，也仅仅是一小部分人。

通常，人们宁可投注大量的金钱和精力去从头学习外国语言，也不愿意只加上一点点资金与精力去丰富自己母语的语言能力。哪怕是耗费大量的资金，他们都会不辞辛苦地跑到国外去学习那些仅属日常用语的外语，因为他们根本就意识不到训练好母语是可以派上大用场的。其实，相比之下，提升母语的语言能力要来得更容易、更简单，并且更富有竞争力。

我们必须转变这种观念。我们要先从简单易行的开始，先从提升母语的

语言能力起步，通过语言培训去超越一般的会话水平。让我们游刃有余地使用母语，用我们丰富而精彩的母语去打动人、感染人，做个有魅力的语言达人。用我们的实力告诉别人，并不是只有精通外语才是成为人才的唯一条件。

我们在提高母语演讲能力上的投入，比任何投入都有保障，同时也是和他人拉开差距的捷径。

并不是只有精通外语才是成为人才的唯一条件。让我们游刃有余地使用母语，超越仅仅是会话的程度，成为让别人赞叹不已的语言达人。

具备当众演讲的能力

随着个人地位的提高，在众人面前演讲的机会变得越来越多。有能力而且前途一片光明的职员，在主持会议或者在演说策划方案时，因语言上的失误而被打入冷宫，没有比这更加让人遗憾的事情了。无论在什么地点、什么时间，既有热情而且又自信的人总是被他人推举为领头人。出众的大众演讲能力不仅仅可以显现自己的能力，更是将你领入那些普通职员所不知道的秘密之门的通道。

——摘自辛西娅·夏皮罗《公司不会告诉你的50个秘密》

漂亮地说一句

02

手握话筒，
让大家为你欢呼雀跃吧

本书所强调的"漂亮地说一句"的目标就是——让别人"感叹"，用英语讲就是"Wowing Speech"（让人感叹的演讲）。所谓感叹，就是听众从内心深处引发的叹服，由于产生了强烈的共鸣，而情不自禁地发出"真好"、"真精彩"的赞叹。

撼动听众心灵的"魔法演讲（Magic Speech）"，就是我们的目标，换句话说，就是通过学习、掌握相关的魔法要领，来实现精彩的"一句发言"。

既然"一句发言"对我们来说如此重要，那就让我们的一句发言精彩、到位。要让所有的听众为你喝彩，为你感叹。如果没有这样的自信，你就会永远失去用语言展示自己才华的舞台，你就永远没有机会赢得听众的赞叹与掌声。

话语曾是魔法。

——弗洛伊德

真实案例——瞬间扭转冷场气氛的一句话

10月下旬的某一天，我参加了一个宣传人参的庆典活动，主办方安排我上台讲句话。

记得那天完全不像是10月的天气，特别寒冷。尽管对这种阴冷的天气状况早有预报，但是人们对此依然没有丝毫留意。那天的寒冷是刺骨的，庆典活动又偏偏是在室外，寒风过后，嘉宾们都在瑟瑟发抖。

开始时嘉宾们还很"潇洒"地坐着，但是随着阵阵寒风掠过，大家都下意识地用胳膊抱着身体，心里还默默地祈祷着赶紧结束这场磨难。更让人无法忍受的是，上台演讲的人不下十名。尽管都是简短的发言，可这些发言加起来也得超过三十分钟。

演讲持续了很长时间。"真是些没有判断力的人！"坐在寒风中，我也开始不自觉地抱怨起来，"大家全都冻得快不行了，简短的发言才是演讲者的智慧和要领所在。即便在这样的情况下，他们还是原封不动地照搬讲稿，简直就是一群不懂变通的人！"

"哎！快点结束吧！"

随着时间一分一秒地过去，人群也开始躁动起来。观众被冻得蜷着身子、搓着手、跺着脚，显出有些不耐烦的样子，现场的气氛一时间陷入了一片混乱。

就在这个时刻，也就是整个活动进入尾声的时候，轮到我发言了。这个出场顺序对我来说是很不利的，那时的观众已经没有多少兴趣再听下去了，这种情况倒不如不演讲得好，我的脑子里已经响起了警铃。

"继续下去，就是宣告活动的失败！"

我一边走向演讲台，大脑一边迅速转动起来。

"简短，简短的演讲才是明智的选择。"

瞬间，我做出了这样的决定：放弃准备好的演讲稿，重新组织语言，进行一段简短的即兴讲演。我必须要用"一句完美的发言"去融化观众那颗被寒冷冻僵的心。此刻，我的脑子正迅速地构思着演讲内容。

走上讲台，稍微地稳定了一下自己的情绪，我以非常亲和的口吻与观众交流了起来。

"各位，今天的天气是不是很冷？"

"是！"

其实这句问话是很冒险的，把握不好，观众们会将整场的积怨全部发泄在我的身上，因为他们已经没有多少耐心来与我配合，跟我互动，赶快结束才是他们此刻的愿望。

然而，他们的这一回答正给了我抖出包袱的机会，借此我便开始摆起了龙门阵。

"那是因为各位平时没有服用人参的缘故。"

没想到，就这么一句类似开玩笑、有些许调侃的话，竟然扭转了整场的气氛。爆炸般的掌声与笑声一齐迸发了出来。接下来，我的演讲基本上就是在这种热烈的气氛当中展开的。

"之所以今天这么寒冷，就是为了提醒各位朋友今后要多吃人参，没有什么能比人参对身体健康更加有益的了。我诚挚地希望，能有更多的人为了自己的健康长寿，而多吃人参！"

这就是我演讲的全部内容。我将"三分钟的演讲"已然抛在了脑后，而这不过"三十秒的演讲"却赢得了全场观众雷鸣般的掌声。因为我这"一句话"，与全场的观众产生了共鸣，就像人参一样温暖了他们的心。我的这句演讲，给他们留下了深刻的印象。

那天大部分的观众都是来自人参栽培基地附近的农民和居民。假如在他们面前讲些"人参的皂角苷"、"人参的成分"，以及人参对身体的"调节作用"、"活血作用"和"中枢神经系统"的药效，或大侃特侃什么"原产地"、"出产地"等，分明就是班门弄斧，反而会引起反感。

● "感叹"的条件

假如你的演讲失败了，那么你会在很多方面都受到影响。失败的阴影将长久地缠绕着你，困扰着你，同时控制着你的情绪，每当你面对这种场合的时候，它就会跑出来骚扰你，让你有很大的压力。

相反，如果你的演讲成功地令观众折服，并可以引起他们的感叹，那么结果将会是完全不同的。他们往往会越过对"语言"的感叹，去佩服赞叹"说话的人"。你不仅不会因为一句话而欠下"千两之债"，反而会得到"千两之利"。

可以让观众发出感叹的一句完美的发言，是一门语言表述的技巧，要想让观众为之感叹，那么在演讲时必须牢牢抓住足以让人感叹的要素。如果你是一位将"完美的一句发言"作为目标的人，那么你就应该好好地去探讨一下，究竟什么才是感叹的要素！

要想知道这个问题的答案，你不妨先试着反问自己，你可以回忆一下，在听到过的演讲中有哪些话曾让你为之感叹，感叹时的心理状态是怎样的？这就是你所要寻找的答案，也是你需要掌握的"感叹要素"。

感叹的要素并非仅有一两个。众所周知，人类的感情是美妙而复杂的，那么能够引发感叹的要素同样是美妙而复杂的。但你至少要具备以下五项条件中的一项，观众才会为你发出感叹。

在这里我们所设定的"一句发言"的目标，并不是让它成为世界级的著名演说，我们也不奢望它能成为历史上的名作。我们仅仅希望，当我们面对演讲时，"一句发言"能够获得观众的感叹，这就是我们最简单的目标和最朴素的理想。所以我们要珍惜每一个演讲的机会，从而不断地累积经验，让"一句发言"为自己树立良好的形象，要把演讲当作提高和强化自身竞争力的契机。只有目标明确，才能真正抓住"感叹的要素"。

1. 内容

"完美的一句话"中，其内容充实与精彩比什么都重要。这里，我们并不是说知道得多就一定演讲得好，实际生活中，那些教授、专家个个都是学富五车、才高八斗，但他们当中也有一些人的表达能力仅限于一般水平。因此，只靠内容充实也未必能使演讲达到精彩的效果。当然，仅凭掌握娴熟的演讲技巧也很难达到预想的结果，因为演讲技巧只能是一时抓住人心。只有把娴熟的技巧与丰富的内容结合起来，才能由始至终地抓住人心，掌控局面。

另外，还有一些人，比如残疾人或者有过惨痛的失恋经历的人，他们在演讲时，即便没有发挥多么出众的演讲技巧，也能吸引观众用心地倾听。因为他们所讲述的内容本身就很吸引观众，很容易让人感动，即便只是普通的演讲技巧，也能让观众为之赞叹（当然，假如再加上出众的演讲技巧，那便是锦上添花了）。

我认为，只要努力就可以做到，你的演讲就会让观众有这样一种好奇："你是怎样知道那些事情的呢？""从哪里挖掘到这么吸引人的素材呢？""可称得上是卓越的观察力和一流的解说！""这是多么可贵的信息啊！"如果演讲的内容能够引发这样的反响，就会理所当然地获得观众的感叹。

真实案例——交响乐团和说唱，以及领导力（Leadership）

假如让我们寻找一位能用"一句话"打动听众的代表的话，我认为非李御宁先生莫属。众所周知，他不仅文笔好，而且演讲水平也非常之高。我们不得不叹服他那独特的观察力和解说水平，再加上他优秀的演说技巧，听他的演讲简直可以说是一种享受。

下面是一段李御宁先生关于领导力的演讲。如果你也希望像他那样能够获得"观众的感叹"，那么就让我们一起来用心地观察一下他是如何做到的。通过这个简短的事例，希望大家可以从中获得灵感和启发。

请大家仔细观察一下，一个交响乐团的指挥是朝哪一个方向看的呢？是观众席吗？所有观众席上的观众只能看到指挥的背影，那是因为指挥并没有面向观众，而只是面向乐队。观众的表情如何他并不知道，即便是观众睡着了他也是一无所知。

假如你是一家企业的CEO，你会选择怎样去管理呢？如果你用指挥的原理去管理企业，也就是只顾抓企业内部生产，而不顾消费者的需求，直到产品走向市场以后才知道消费者的意愿，那么你必然会使企业陷入盲目生产的困境，这种方法是绝对不可取的。

假若你跟别人一起组织了一个团队以后，你无法忍受对方的一声咳嗽。这就如同在听交响乐和观看话剧一样，由于观众在观看演出时忍得很辛苦，而在每个乐章（幕）与乐章（幕）之间的停顿时，会从观众席中传出一阵阵的咳嗽声。但是在听国乐的时候，有谁见过打瞌睡的吗？你可以大声叫好，可以呼应，可以休息，可以做任何事情……在盘索里（朝鲜古代的一种说唱）中，地位最高的并不是歌手，而是在旁边又敲鼓又呼应着的"鼓手"，所以才流传"一鼓手，二名唱"的谚语。尽管鼓手的地位很高，但他不仅盯着歌手一方，而且还要把更多注意力交给观众。不像西方的乐团指挥那样，只给观众自己的背影……今日的CEO不应该成为乐团的指挥，而是应该成为盘索里敲鼓呼应的鼓手，这样才能更好地领导企业向前发展。

——摘自李御宁《从知性到灵性》

听了这样的演说，观众肯定会应和说"没错"，共鸣和感叹一同迸发出来。随着共鸣的逐渐深入，感叹的强度也会增加。感叹是不自觉地由内心而发，至于具体的内容人们或许到了最后才去慢慢回味，仔细推敲。

2. 逻辑性（故事梗概构成）

在这里我们所说的逻辑，并非指我们通常所说的"开头、中间与结尾"这"三段式谋篇布局法"，而是指足以让观众点头认同的、具有"说服力"的说话方式。严格地讲，这个逻辑性指的是能令观众发自内心为之感叹的卓越的解说能力与非凡的表达能力的这种综合才智。而那些能够做到"一句完美发言"的人就具备了这种才智。即便仅仅利用了很普通、很平凡的内容（话题），也能论述出一个让人意想不到的精妙绝伦的理论。前面我们列举的李御宁先生的事例便是如此。

真实案例——妻子要多关心照料丈夫的理由

张庆东牧师，他的语言诙谐幽默，常常能引来观众的喝彩。我非常喜欢听他的演讲，只要一有时间我就会打开电视欣赏他的演讲。从他的精彩演讲中我发现，他不仅仅以幽默的语言赢得观众的青睐，他的思维逻辑和表现手法都是独特的。

众所周知，在我国，男人的平均寿命要比女人短六到八岁。这已是不言自明的常规了，但张牧师在向众多女性观众解读夫妻关系时，将这一数据运用得令人大出所料。下面就让我们来看看他是如何演讲的。

"各位女士，我想大家应该都很关心自己的丈夫吧！为什么要这样做呢？因为丈夫很辛苦对吧。也许很多人会有不同意见，但不管大家是如何认为的，事实上男人要比女人更劳累。"

听到这里，可能女人的心里会想："哎，还是女人更加辛苦了，男人那算什么嘛……"看到女士们显出不平的样子，张牧师继续解释了起来。

"我们拿什么来证明男人更加辛苦呢？很简单，假如他们不辛苦，怎么会比女人少活六年呢！"

此刻，从观众席上传来了一阵阵爆笑声。大家已经开始为他的演讲而感叹了。爆笑就是感叹的又一例证。虽然大家发出笑声似乎是对张牧师那个奇怪的逻辑发笑，但是如此恰当而又贴切的逻辑也是不常见的。假如这个时候他所引用的理论不这么准确恰当，那么将会引来各位女士的不满，还可能会引起强烈的抗辩。

毕竟这不是发表论文，而只是面向女性观众的一次有趣的演讲。在这种场合下，是不可能拿来更多的科学依据或者哲学论据来论证丈夫和妻子谁更辛苦的。由于每对夫妇、每个家庭的具体情况是不一样的，因而这是一个根本无法证明的事情。可是当把平均寿命的理论导入进去，"男人比女人少活六年"，至少大部分的女士都没什么好说的了。甚至说不定以后她们只要听到类似男女平均寿命这样的比喻时，首先就会想到张牧师。

想要做到这样贴近心灵而又明快地能够让人为之感叹地展开演讲，这需要平时的勤学苦练。要训练出从同一事物或现象中归纳出与众不同的观点的能力，要拥有与他人不同的思维模式，要有与众不同的故事，这些都是非常重要的感叹要素。

3. 幽默

相信大多数人都认同，幽默感在演讲中是引发观众感叹的一个重要因素。如前面所举的张牧师的事例，用在"幽默"这里也是非常恰当的。

马克·吐温曾说过："比起知识渊博的演讲，有一种演讲能让观众更加欢喜，更加受观众的欢迎，那便是有趣的演讲。"美国的肯尼迪总统也说过："能让别人欢笑就能够赢得他们的心。"有关这种论点不胜枚举。

若想说一句精彩的话，幽默是必备的。关于幽默的活用方法，将在第五部分做详细的介绍。

4. 才智

能够引发观众感叹的另外一个重要因素就是"才智"。在即席演讲当中，才智尤其能够发挥它的作用。做好即席演讲的首要条件不是别的，正是才智。由此，我们可以认为不擅长即席演讲的人正是在这一方面与他人存在着差距。

真实案例——Grand Ballroom（豪华宴会厅）VS Mike Volume（麦克风）

一次，我在国内一家著名的酒店里进行演讲。那是一场面向三百多名企业老总的演讲。

既然接受了主办方的邀请，我就要提前认真地研究观众的情况：观众都是什么样的人，是什么样的水平，希望听到什么。这是最基本的常识。不仅如此，还要提前到达演讲场所查点现场环境。虽然有些时候是需要与主办方来一起确认相关情况，但也有些时候是自己潜入会场，亲自查看。那天主办方的接待人员在另外一个地方等我，可我并不知道实情，因此自己从侧门进入了那个演讲场所。

演讲场所是一个叫"Grand Ballroom"的地方。就像"Grand"这个单词蕴含的意思一样，那里是酒店里装饰得最豪华的核心空间。

"这下要出大事了！"

我走到那里，发现其他讲师还在演讲，后来我意识到这里并不适合演讲，因为在这样的环境里，观众很难集中注意力，空间过大，讲台和观众之间的距离太远，再加上圆桌，要面向演讲者有些人不得不转过身子。实际上这个环境比较适合聚餐，而非演讲。

但是作为专业演讲大师，这种不利的因素是可以克服的。其实真正的困难在于音响设备过于糟糕。在大的环境中演讲，话筒发挥着举足轻重的作用，音响设备的好坏，直接影响演讲效果，在全部演讲中占有百分之三十的比重，甚至还可以完全破坏一次演讲。再加上严重的回音，坐在后面的观众根本听不到讲师在讲什么。观众多，空间大，话筒效果差种种原因，造成了不能集中观众的注意力，更有些观众在下面随意交谈，于是就更加听不清讲师在说什么……简直就是一种恶性循环，完全是"讲师讲自己的，观众讲自己的"的混乱景象。我想那位讲师很可能也一直在冒冷汗。

"如何克服这样的僵局呢？"

我的大脑开始迅速地转动起来，看看有什么补救的办法，因为已经准备好的演讲方案和现场状况完全不符。这时候就会显现出专业人士与业余人士之间的差距了，如果不能在演讲开始之前就掌控好整场的气氛的话，那演讲最终也会宣告失败。无论如何，从一开始就要牢牢抓住观众的心，让观众不能私下"播地方台"。

这时候，在出入口处赫然一行金黄色的字进入了我的视线——"Grand Ballroom"，顿然，我决定一定要利用这个词作为我的关键词。

演讲终于开始了。

我拿起话筒之后就离开了讲台。走到观众席中间大声地与大家打招呼。然后告诉那些背对着我的观众重新调整一下姿势面向我。我要拆除横亘在观众与我中间的那堵墙，通过这些简单的小动作重新使观众的注意力集中起来。

接下来我就用调侃的语调说道：

"这话筒的性能怎么会这样呢？"

观众们也纷纷点头表示了赞同，接着我又继续说道：

"这里可是这家酒店的'Grand Ballroom'，'Mike Volume'怎么会这个样子呢？"

此刻观众席中传来一阵大笑。当然，自不待言，"Ballroom"和"Volume"是不一样的，但是将现场读音相似的东西抓来最大限度地活用在一起，真不愧为就地取材、随取随用。这个时候观众开始精神起来，我便开始了我的演讲：

"我们不客气地说，这家酒店的形象全因这个话筒而被破坏了。聚在这里的三百多位贵客将如何评价这家酒店呢？Grand Ballroom的Mike Volume竟然是这样的！（观众笑）请各位不要笑（但是他们笑得更厉害了）。我想这家酒店一定会因为我的这些建议而迅速改正的，各位也请以此为契机，反省一下自己的公司是不是存在类似的问题。"

掌声响了起来，但是我没有理会这掌声，继续我的演讲：

"刚刚有一位讲师在演讲，因为话筒声音不够清楚，我在后面看到观众纷纷在私下里交谈。如果声音不清楚，难道就不能更安静一点吗？但是换个角度、换个思路再去想一想，又会是怎样一种结果呢？作为老总，自己都不愿意换位思考，而只是让职员去换位思考，试想一下，职员会是一种什么样的心理呢？"

凭着这几句话，场面完全被我掌控了。这下观众们想要私下里交谈也不好意思了。Grand ballroom和Mike Volume，从这个点出发，然后又讲到应该如何经营公司，再论述角度的转换，我的演讲非常成功。虽然以前也曾受到过全体起立鼓掌的礼遇，但还是第一次遇到观众"再来一次"的呼声，可见观众真的是大为感叹。

这个例子很好地证明了在演讲中才智是多么重要。如果各位遇到即席演讲的情况，希望在头脑中时刻要有"才智"这个概念。特别是在即席演讲中，这是非常重要的、能带来感叹的要素。只有这样，才有可能实现完美的演讲。

> 讲话的时候，头脑中时刻要有"才智"这个概念，一定要做到。这是实现"一句完美发言"的关键。

5. 表现方法（演讲技巧）

在这里，我们所说的表现方法，就是指说话人的风范。人们在感叹"这个人演讲得真好"的时候，虽然主要指的是说话的内容和瞬间的爆发力，但其中也包含了说话人的声音、语气、表情、手势等表现形式。

一流的演说家，往往是在这方面赢得了观众的喜爱，能够做到精彩发言的人特别地多。同样的一句话，也会因为声音或语气显得亲切而引发感动。如果各位想要成为专业的演说家，希望获得观众的赞叹，那么也要在这方面多下功夫。有关这方面的内容，后面会详细介绍。

部长也要接受演讲训练

"演说的时候千万不要将单词隔开来念，以保持句子的完整性。每句话之间一定要掌握好呼吸的节奏，如此可以给自己腾出时间来用眼神与观众交流，不要总是盯着演讲稿，这样做是无法与观众产生互动的。"

行政安全部长官李××为了有效地与国民进行沟通和交流，便接受了一系列演讲和摄像访谈的训练。

这位长官在世宗路政府中央厅职务室主管文化体育观光部的播音员——培养机关的讲师那里接受了两小时三十分钟左右的媒体体能训练。

对此，文化部解释道：为了向国民有效地传达政府政策，在TV演讲时要有自然的肢体动作和得体的着装，从开口说话到凝视镜头，都要很准确地掌握其要领。

实际上，×××计划财政部长官在内定晋升后，已于1月21日接受过媒体体能训练了。

——《联合新闻》（2009年2月10日）

到目前为止，大家应该基本上了解了为什么需要有说出"完美的一句话"的能力。但该如何做才能让观众对你的演讲发出阵阵赞叹呢？

下面，我们一起来仔细地探讨一下应该如何具备"完美的一句话"的条件。首先让我们来尝试一下在毫无准备的情况下，怎样才能做到不慌不乱、沉着镇静，以从容自信的状态去应对"即兴演讲"。

Part 2

瞬间发光的"即席演讲"

　　"一句完美的发言"的精髓就在于即席演讲。本书中我所要详细介绍的也是这一部分。如果我们按照事先准备好的演讲稿去念，那是不会慌张的，是可以从容自如的。你有准备的时间和思考对策的时间，只要文章写得好，演讲技巧把握得好就可以了。假如稿子是别人帮忙写的，那么就更简单了，你只要运用演讲技巧就可以了。

　　但是即席演讲就不同了。即席演讲要求的是在现场（即席），你要毫无修饰、毫不掩饰、最大限度地展示你的语言能力和演讲技巧。当然这里包括了诸多方面的修养，首先情景处理能力是最基本的；其次，在演讲的同时还要随时注意观众的感受，这是由你的人品与境界所决定的，因为观众很在意你心里有没有他们。从那些著名的演说家能够即席演讲出让观众为之感叹的"一句完美的发言"中我们可以知道，这些先决条件在即席演讲中发挥着巨大的作用。

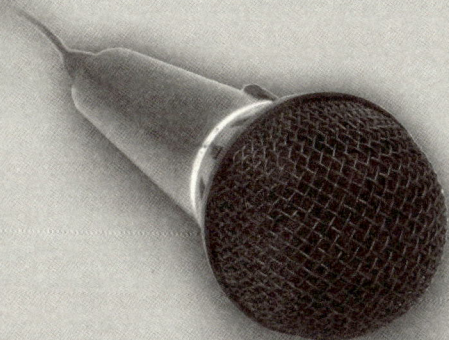

只是没有原稿而已，
但要做好心理准备

在参加某个庆典时，没有异常情况发生，一切活动都在顺利进行的时候，主持人突然做出了邀请："请您为大家讲一句吧。"

好，要怎么办呢，拒绝吗？当然也有可能那样做。但如果碰到了非说不可的状况呢？这可不是一个寻常的问题，真是到了千钧一发的时刻了。

如果不想出现那种难堪的状况的话，就只能事先准备好了。古语说得好，未雨绸缪，有备无患！但不能因为那样就直接将准备好的演讲稿带过去。在还不知道是否要讲一句话的状况下就带去演讲稿？那可真是拿石头砸自己的脚的行为。

让你准备即席发言，是指要判断好是否会出现让你"讲一句话"的可能性。如果前往很有可能需要自己说一句话的场合，就要假定自己"总感觉要讲一句"。然后在头脑中事先准备一下演说材料，做好即席发言的准备。

要怎样判断是否需要自己说一句话呢？其实一看便知。自己的身份与活动之间的关系，再看看活动现场的气氛就可以判断出来。有一丁点儿可能性也需要做好讲一句的准备。只有那样，才能事先做好准备应对突如其来的变化，并且可以将危机转化为一次展现自我的机会，给人留下"一句完美的发言"。

与他人沟通得很好，但"一句发言"却表现得不尽如人意的原因：

1. **心理**。在日常对话中，我们不会意识到对方是观众，但在演讲当中我们可以很强烈地意识到观众的存在，因此会高度紧张，会感到害怕。

2. **目标**。在日常对话中，没有人想着要说出"完美的一句话"。但是需要自己发言而又站到演讲台上的那一刻，就会产生希望他人对自己刮目相看的虚荣心，但往往适得其反。

3. **话法**。在日常对话中，我们都是你一句我一句的"对话式"，显得很自然。但是站在讲台的一瞬间就会不自觉地变成"演说式"、"说教式"。因此在趣味性和亲切度上大打折扣，从而让人觉得反感。

4. **内容**。在日常对话的时候，不会出现没有话题的情况。只要说说周边的所见所闻就可以了。但是演说时可不能这么做，如果没有话题，演说将无法进行下去。

5. **经验**。日常对话，每个人都会经历无数次，所以在经验方面毫无问题。但需要一句话的情况就相对很少，所以说看起来即席演讲的失败率是很高的。

在日常生活中，我们也要保持这种心理状态。如果你反问这样生活多累，那么说明你还不够专业！因为专业人士们都是那样做的，只是平时沉默不语而

已。如果这样的态度能够成为习惯，在提高说话水平方面是非常有效的。即便是已经做好发言准备，但是最后没有发言也不碍事，因为自己又经历了一次演讲发言的训练。

即席演讲的大家，严格意义上说并非是在即席演讲，而是在做"有准备的即席演讲"。请铭记这一句话，希望各位可以做到那样。

为了准备好一次完美的即席演讲，通常需要三周以上的时间。

——马克·吐温（美国小说家）

"即席"当中有答案，
活用"即席"状况

● "即席"当中就有答案

虽然做好面对突如其来的即席演讲的心理准备，但并不是说只要有了这样的心理准备，"一句完美的发言"就会变得很简单。问题在于"实际状况"。假设在活动当中已经预料到"主办方会邀请我说一句话"，那么就进入准备发言的状态了，就应该考虑一下自己说些什么。

面对这种局面，业余人士就会显得很慌张，越想脑袋就越不好使，因为平时根本没有训练过。而专业人士能在这个时候发挥出自己的水平，因为他们在平时积累了深厚的内功，此时他们大都有了良好的对策，就如同等待着进行"一句发言"的机会一样，也会听到类似于"哎，如果不拜托我讲一句就可惜了"的感叹。

如果各位还没有达到专业人士的水平，那么要怎样应对呢？各位也没有必要慌张，既然是即席演讲，你在"即席"中找到解决的办法就可以了。道理不就是这样的吗？

即席演说，按照词典的解释是"在宴会或集会上，没有任何准备就当场进行演说"。

这句话的核心是什么呢？是"没有任何准备"。但从严格意义上来讲，"没有任何准备"这样的解释是不对的，只是没有准备好演讲稿，还没具体准备演讲内容而已。那些已经做好要进行"一句完美发言"心理准备的人，是从哪里获得解决方法的呢？当然就是在"即席"了。即席演说，即席发言嘛。

在词典里找一下"即席"的解释吧。即席就是"在任何事情进行的当场"，"当场"就是即席。所以说即席演讲的钥匙和答案就在当场。在需要"一句发言"的当场，就是指这个状况。

当场有什么呢？有很多东西。首先是观众，然后是比你先说完一句话的人和你之后需要说一句话的人，包括他们的话语和行动；天气情况，有进行演讲的场所，有当时的气氛；还有比起其他人和东西都重要的——即将做即席演讲的"您"。"即席"中有特别多的东西，在众多的东西中便有"一句完美的发言"的答案——说话的材料和故事梗概，等等。

就像这样，可以灵活利用即席条件，有能力应对状况的人便是专业人士。把即席的状况很好地利用在一句发言中，观众就会为之赞叹。这些方法在构思即席幽默上也是很有效的。（针对利用状况的幽默构思法，将在后面的部分进行详细介绍。）

真实案例——郡守和"以水代酒"

这是一件发生在某个地方自治团体选举中的事情。其选举的过程犹如战争般激烈，所以自然而然地就会产生敌我两派。惨烈的选举过后，新当选的是P郡守。为了庆祝当选，郡守决定在某个宗教场所举行一次宴会，连同地方的各种官员近百人出席。当然，其中有支持者，也有反对者。

庆功宴终于开始了，司仪说下面是P郡守的祝词和敬酒词环节。但是不知怎么回事儿，桌子上并没有酒，只有装着水的杯子。（不知道是不是因为在宗教团体准备活动的缘故或是其他的失误。）

没有酒还说什么干杯，气氛不免有一些尴尬。到处传来"没有酒啊"的唏嘘声。这样的状况和氛围如果持续下去的话，接下来要讲话的人一定会变得非常难堪。

但是P郡守从容淡定地举起了水杯，然后说道：

"我提议大家干杯，但没有酒，只有水。不过我已经了解这杯水的深刻含义了。"

席间传来了人们的笑声，但是郡守用超凡脱俗而又真挚的表情继续说道：

"水往低处流，我也一样，要一直朝着低处看，成为一名低调的、照料好困难人群的郡守。水可以包容任何东西，包括肮脏。同样地，无论在选举过程中支持过谁，从这一刻起我都要学会理解和包容一切，虚心接受所有人的命令和意见。

"在此，我深刻地理解这杯水所代表的含义，向大家提议举杯。"

"不愧是郡守的料！"

和着掌声，到处都是一片赞叹的声音。

不用多说，这是一次非常完美帅气的即席演讲。随机应变的能力就不用说了，演说的内容也非常好。在那儿之后，与会的人在喝水的时候也许就会想起这个小插曲，这就是郡守的"一句完美的发言"。

如果郡守这样说："你们让我以后喝白水？"结果会变成什么样子呢？虽然可以带来瞬间的幽默感，但那将会使气氛变得很尴尬。特别是那些不支持他的人，心里也会一惊。

郡守的"以水代酒"是利用即席寻找演说答案的最好的事例。前面我在人参庆典活动上的发言，也是一样。

还是要再次强调一遍，想要做一句完美的即席演讲，活用好现场状况是重点。能做出让人感叹的演讲的这类人，在利用现场状况方面都很在行。其实那并不是什么了不起的事情，有着想要即席寻找答案的强烈欲望和感觉的人就可以做到。如果面临要进行即席演讲的状况，就在当场好好寻找说话的素材吧。有目的、有意识地去试试吧。从此，判断状况的眼光就会有所变化的。那一瞬间，你就会惊讶地发现很多趣味横生的话题会不断地涌现在脑海之中。这不是夸张之言，请相信这一点并且照做吧。

● 要看穿观众，才能引发感叹

分析和理解前面提到过的事例，对你怎样才能完成"一句完美的发言"是很有帮助的。

其实，准备好的演讲稿已经成为无用之物了。不过，是我自己让它变成无用之物的。之后我们可以在现场状况中寻找答案。

其实观察现场状况很简单，如活动的形式、天气、气氛等等。要很好地洞悉观众的想法和心思，观众不希望有过于冗长的演说，配合他们的想法表达出来就是要领。再将"一句完美的发言"的基本原则很好地融入进去，就是一次很完美的演说。正确做到了这些，就会引发观众的赞叹，这就是即席演讲的重点。现场的状况就是演讲的钥匙，把握好它你就能开启演讲的这把锁。人参庆典活动上的即席演讲便将"一句完美的发言"的基本原则很好地融入了进去：

第一，演说很简单，不过五句话。虽然不能说演讲简短就一定好，但是考虑到寒冷的天气和躁动的人群，加上已经有好几轮的演讲等因素，演讲就应该简短一点。想要通过冗长的即席演讲来打动观众是很困难的。

第二，将现场状况和庆典主题很好地联系起来。将"寒冷"、"人参"和"健康"联系起来，将想说的话都向观众说了出来，所以才引发了观众的赞叹。

第三，洞察观众的心理，说出合适的话。对于在寒风中瑟瑟发抖的观众来说，没有什么比庆典早点结束更加切合实际，更让人高兴的了。因而，观众理所当然是希望有一个简短的演说。加上观众大部分都是栽培人参的农家，对于他们来讲，最希望的就是人参可以大卖。所以在简短演讲的同时，也要将人参的功效和贩卖等含蓄地表达出来。这样说话就掌握了观众心理，说了符合政府和他们胃口的话，必定会收获欢呼。

第四，幽默的构思。随着启发观众的预想理论（第二句话）的展开，引出观众的笑声和爆发出的情绪。为了引发笑声，也要关注一下对话式的演说。但这不是指直接单纯的对话，要用调侃的语气说，幽默的表现就要这个样子。不采用对话方式，而是依靠普通的演说风格，是很难引发观众的笑容的。

第五，说出了"希望健康"的祝福，连最后的结尾也做得如此轻松。

第六，演讲的反应和效果。通过鼓掌欢呼的观众，就可以充分体现出演说结果到底如何。如果之后赞叹不断的话，就不用继续说下去了。

想要完成"一句完美的发言"就要洞悉观众的心理，配合他们的想法表达出来就是要领。我正确地做到了这些，所以才引发了观众的赞叹。这个就是即席演讲的重点。

相信各位已经知道了可以引发赞叹的即席演讲的解答就存于现场。各位也可以做到吗？很容易，真的非常容易。剩下的就只有各位的实践了，只要照做就可以了。

就在现场寻找话题和素材吧，那里就有答案。想要做好完美的即席演讲，在现场找答案便是要领。擅长做这些的人就会成为名演说家，从而引发观众的赞叹。

利用报纸和新闻：把谁都知道的
事实说得更有新意

虽然演讲现场的即席状况可以成为“一句演讲”的良好素材，但是如果能再加入一些当时的有“时效性”的素材，比如报纸或电视上出现的一些新闻，抑或是当地人热议的话题，也会带来很好的效果。如果你恰好引用了当天的热门话题，那演讲的效果就更是锦上添花了。

因为那些话题为观众所熟知，所以也很容易引起共鸣。只要将状况说明好就可以了，这样的话引发赞叹简直就是轻而易举的事情。

真实案例——正年退职和安德烈·金

曾经参加过一位1950年出生的人士的退休仪式。因为收到邀请后没有任何准备就去了，而司仪突然要求我说几句贺词。虽然演讲也是我的职业之一，而且还经常听到别人评价我为即席演讲的达人，但突然让我站在台上说贺词，我也为难啊！但是又不能不说。我一边走向演讲台，大脑一边也同时迅速转动起来。供我思考的时间也不过十秒而已。

首先连同"退休"想到的便是"自由"，然后头脑中浮现我的"退休"是什么样子，然后又想起了今天看到的"早间新闻"。这样就准备完毕。我站在讲台上慢慢开了口：

"尊敬的×××，真心祝贺您的光荣退休，说'祝贺'的第一个理由，这世上能够'正年退休'哪里是一件容易的事情。我虽然在众多职场上都活动过，但正是因为如此才错过了退休仪式。所以看到在这么多人的关爱和祝福下'正年退休'真的很是羡慕。

"祝贺的第二个理由，从现在起，您就可以自由地做自己喜欢做的事情了。不要有什么'都一把年纪了'的顾虑。如果至今为止在职场上已经工作了三十年，那么从现在开始计算，今后也还有同样的时间。希望您可以朝着新的梦想挑战。一定要做一些自己喜欢的事情，创造新的生活。子女也都长大成人，所以没有什么负担。

"今天早晨看新闻，有一篇关于世界著名时装设计师安德烈·金的通篇报道（是安德烈·金老师在世时候的事情）。相信各位也都看到了。说是要挑战新的设计风格。你们知道他今年多大年纪了吗？他是1935年出生的，已经是年过七旬的古稀之人了。可他不还是在挑战新的时装设计吗？……"

演讲结束后掌声阵阵，伴着掌声我心想，虽然是突发状况，但该说的应该说到了，这应该是一次不错的即席发言。不出所料，庆典结束后很多人都称赞这是一次"贴近心灵的讲话"。（这把年纪还能受到称赞，心情真好，呵呵！）

但是，将新闻作为演讲素材时，只是简单介绍新闻内容是毫无意义的，因为那是大家都知道的事情。将新闻中的事情直接引用，对观众来说只是将众所周知的事情重复一遍而已，这会使你的演讲变得没有新意。

活用新闻的时候有几点注意事项：

★ 无论如何要与演讲目的联系起来。

★ 要添加自己特有的见解。虽然是观众们也接触过的新闻报道，但核心是做出观众们完全没有想到的解读，那样观众才会为那绝妙的解读而感叹。

★ 要有箴言和信息。

如果当天有人看过新闻，对安德烈·金要开始新尝试的信息应该是有所了解的。所以说新闻本身并不能成为好的话题素材，如果将那些报道直接说明，是提不起观众的兴趣的，反而会让他们觉得枯燥。

三的法则

《史蒂芬·乔布斯的宣讲秘密》中提出过"三的法则"，就是说那些世界著名演说家和以进行艺术的表达方式而著称的乔布斯、肯尼迪和奥巴马总统等演说高手，他们总喜欢使用"第一、第二、第三"，将演讲分为三段。

演讲开始，将内容要点归为三四点，然后就从第一点开始做说明，像这样利用"三的法则"传达信息的方式，能够提高对观众的号召力。不是说仅仅将演讲内容构成分为三个要点，有时候可以像下面的预示一样，将三个要点融入文章当中。希望各位可以将这个技巧试着活用在你的演讲中。比如：

"住房不见了，工人失业了，企业也倒闭了。"

"现如今医疗费用过高，公共教育质量不高，能源消费威胁着地球的环境。"

安德烈·金的新闻很符合我们的主题"正年退休"，联系起来的话就很有时效性。但关键是要找到隐藏起来的钥匙，再对其进行全新的解读。安德烈·金是1935年出生的人，在那个年纪还要挑战新的高峰，这件事情本身就可以给人带来启示。特别是那些与"正年退休"的人有着什么关联，将这些素材重新释义，把它们变成你的话题素材。这就是活用新闻的即席演讲的技巧。

04

统计：数字会为
发言增加分数

一提到统计，你会想到什么？面对一堆数字是不是觉得很头疼啊？因为数字给人的印象就是呆板、枯燥、了无趣味等等。当然这些只是毫无根据的偏见。

如果在演说中充满了统计数字，当然会很乏味。但是如果善于利用统计数字，不仅话语的权威性会有所提高，甚至可以更加趣味横生。顺便提高说服力也是理所当然的事情了。

美国CBS（哥伦比亚广播公司）的招牌节目《60分钟》主持人安迪·鲁尼，他不仅仅是喜剧演员，更是一位出色的新闻主播，被认为是全美国最具幽默感的人。来看一段他极具幽默感的发言吧：

"最近几年，比起投入到研究'阿尔茨海默病'上的经费，在隆胸和购买伟哥中花费的钱多得惊人。再过三十年后，满大街都是胸前挂两只'西瓜'的老女人和挺立着'老二'的老男人，也不知道他们将会把这些器官用在哪里……"

但是，如果他在这则幽默中准确地表明用于"阿尔茨海默病"的经费和用在隆胸和购买伟哥的具体统计数字的话，会更加生动和富于趣味。

统计数字可以为观众提供崭新的视角，即使是一件普通的小事，但如果可以巧妙地利用统计数字，从侧面提供新的信息，那么其本身就可以成为例句，也会构成幽默。这将会使你的演说质量提高一个档次。统计到底会给话语施展什么魔法，看看下面的例子。

统计："延世大学保健大学院的研究结果表明，我国从今年至2020年，因吸烟而导致死亡的人数将达到八十六万名。"

演讲活用："'八十六万名'和载满乘客的空客飞机以每天四架的频率连续一年坠落时死亡的人数是一样的。如果有一座拥有八十六万人口的城市，那么到2020年的时候城市中将空无一人。正是吸烟导致了这一切。"

相信大家已经知道了吸烟的坏处，没有什么比这样活用统计数字来强调更加有效了。所以希望做到"一句完美的发言"的人们平时要对统计数字多加关心，将有意义的统计都收集起来。

● 光有数字是不可以的

前面所举的吸烟统计的事例是很有说服力的，但是它的威力并不仅仅出自于那些有冲击力的统计数字。相信各位也意识到了，是数字和"解释"的共同作用才引发了这种结果。在吸烟死亡的基础上添加飞机坠落、城市人口等充满对比的提示，更加深层次地表现出了统计的深刻性。

根据如何利用统计数字，演讲的氛围也会有所变化。只利用单纯的数字，那是最差的方法。举个例子，如果说某一建筑物有"一百平方米"，因为我们平时习惯用"坪"（一坪约3.3平方米）来计算面积，那观众们是不会立即知晓具体面积有多大的。那就没有活用统计的意义了。再具体一点"就是这个讲堂的大小"，那么观众就有更切身的感受了。

就像这样，在演讲中利用统计时，与贴近观众实际生活的一切熟悉实物来做比较是很有必要的。

我在担任农协江原道本部长时，走遍了江原道的角角落落。卸任本部长之后，我曾计算过自己走过的距离有九万五千七百公里。后来，我这样表述：

"我担任本部长的时间正好是一年半。在这一年半的时间里，我有很大一部分时间在江原道到处走来走去看看。江原道的面积很大，转一圈大概是九百四十公里。我走过的距离是九万五千七百公里，差不多就是转了江原道一百零二圈。"

到了这种程度，就可以大概了解走了多少距离，切实感觉到走了有多长。但是如果将这些表述为"我担任本部长的确切时间有一年半。期间，走访的距离是九万五千七百公里"，这样的话就会特别枯燥乏味。

曾经在首尔最高检察厅中，为那些检察官和搜查官做过关于亲切感的演讲。真不巧的是，那之前农协接受了检察部门的搜查，而我站在最高检察厅的讲堂演讲台上确实感到些许的紧张。万幸的是，随着时间的流逝，我妙语连珠，演讲很顺利。在检察厅职员们鼓掌欢笑的时候，我则趁着这个良好的氛围宣传了一下农协。

"如果我们农协再遇到了要进行检察搜查的情况，看在今天的缘分，还请各位手下留情。（爆笑）树大招风，我们农协也是一样。农协在全国有超过四千个（当时）事务所，所以即便其中一个事务所十年才有一次事故，农协也会'每天都会上新闻'。（爆笑）"

如果将这些话表述为"我们农协是一个事务所超过四千的庞大组织，所以很容易引发事故"的话，效果怎样呢？肯定会被当成是因为组织庞大，所以出现事故也是没有办法的借口。但是说成"十年一次"的统计，就会很自然地传达农协并不是一个事故多发组织这样一种信息。

再次强调，统计并不是单纯地列举数字，其中隐藏了许多重要情报和信息。

怎样将那些情报和信息很好地解读后再传达给观众，就完全是各位的事情了。

● 用事例包装数字

在演讲中，利用统计数字时并不是一定要将数字添加进去。如果同时将那些附属的和充满趣味的事例和关键词也添加进去，就能锦上添花。

在说明癌症与健康问题的时候，直接强调"国内死亡原因排名第一位的就是癌症，拥有一个健康的生活方式吧"，这样的话就会被当作每日都听的唠叨，不会让观众提起多少兴趣。但是添加统计和类似于以下的事例的话，传达信息的水准和趣味性就会完全不同。

统计：

★ 国内死亡原因第一位的疾病：癌症。

★ 我国每年死亡人数是246 133人，其中由于癌症死亡的人数是68 912人（28%），每天平均死亡189人。

★ 与每年因交通事故死亡人数6 000人相比，癌症死亡的人数要高出将近10倍。

★ 发达国家中，全体癌症患者的治愈率是45%。

——以上出自统计厅2009年发布的《2008年死亡原因统计》

好，在拥有上述统计数据的情况下，添加以下有趣味的事实的话，统计会立刻变得生动，也会更加具有说服力。如果是各位的话，将如何联系好以下的关键词呢？可以练习，尝试一次。

★ 可以追寻到癌症痕迹的最原始生物：恐龙

★ 英语中的"cancer"（癌症）是从拉丁语的"cancer"和希腊语的"carcinos"（巨蟹）变化而来的，这些全部是指"crab"（螃蟹）。因为癌细胞的形状类似于螃蟹腿，而子细胞扩散后则与螃蟹形似，癌症这个词便是由此而来。

★ 人类历史上最初治愈癌症的医生：希波克拉底。

如果将统计数字利用好的话，就连单调乏味的企业报告也可以成为引起观众好感的趣味发言。把相同的统计数字解释得充满新意，怎么可能不让那些观众为之叫好呢？

可口可乐公司负责人在报告经营状况时这样说过：

"十亿年前，人类出现在了地球上。十亿分钟前，基督教诞生了；十亿秒之前，甲壳虫乐队横空出世，掀起了音乐界的旋风；而第十亿瓶的可口可乐被客人买走是昨天的事儿。"

好了，现在大家应该知道统计也可以变得如此富有趣味了吧？问题的关键在于怎样解读和活用。想象一下，利用统计数字的演讲和没有利用统计数字的演讲差别到底在哪里，那样就会领会到统计数字的价值所在。想要完成"一句完美的发言"的人就要尽情地将统计数字的魅力发挥出来。

05

随意粘贴：
提高一个阶段

　　有句话叫作"随意粘贴"。在前面的例子中，在正年退休的贺词中出人意料地搬出了安德烈·金，这就是所谓的"随意粘贴"。

　　想要做到"一句完美的发言"，就要熟练掌握"随意粘贴"的方法。演讲出色的人很精通"随意粘贴"的方法，特别是在即席演讲中发挥了它的价值，将周围的各种情况和演讲巧妙地联系起来，变成新颖的话题和素材的时候。

　　随意粘贴，其实是很容易的，并没有什么特别的要领。"深度思考，将理论活用"，如果这句话算是要领的话，那就拿它当作要领吧。仔细想一想，一件看似与演讲毫无关系的事情，仔细思考后，将理论提高一个层次就可以将它们联系起来。利用事例来学习吧。

真实案例——望乡祭：流下悲伤的泪水和喜悦的泪水

这是2005年春天在江原道发生的事情。当时江原道全体公务员都因为森林火灾而忙得焦头烂额。公务员们要不分昼夜地忙于预防火灾，为了防止有人恶意纵火，不得不在山里过夜，这样的情况非常多。因为紧张和过度疲劳，大家的神经都变得很敏感。

就在这个时候，江原道的铁源郡举行了一场为祖籍是朝鲜的南迁人员的望乡仪式。而对因森林火灾日夜操劳的公务员们来说，这个仪式也是一场难题。

雪上加霜的是，活动即将开始之前突然下起了大雨。因为活动是在室外进行，遇到了这种状况可真是难堪。要冒着雨焚香，淋着雨听，撑着伞演讲。在临时搭起的塑料棚里躲雨的人们望着天空，都露出了一副不耐烦的神情。再加上那些参加望乡仪式的人大部分都是老人。总之，这个活动处处充满着不愉快的气氛。

我作为江原道政府知事出席了该活动。打开准备好的演讲稿秩序册，映入眼帘的全部都是"朝核问题"、"南北交流"、"统一的那一天"、"望乡的凄凉"等毫无趣味的话题。

我一边等待着轮到自己演讲，一边观察着周围状况，气氛并不适合做这么长的演讲。

"这样下去可不行！"

在这种情况下还是即席演讲才行。我迅速在头脑中构思，淅淅沥沥的雨、望乡的悲伤、离乡的人们相逢的那种亲切、森林火灾……要将这些恰当地粘贴在一起活用。轮到我演讲了，我站在讲台上这样说道：

"原本晴朗的天气，不知各位是否想过为何偏偏在这样意义深刻的一天下起了雨呢？雨水是上天的眼泪。我们感到悲伤的时候会流泪，感到喜悦的时候也会流泪。今天的这场雨，我想上天是看到了各位对北方故乡亲人的思念，而感到悲伤才流出来的。另一方面，也是为现在可以同聚一堂的故乡人民而喜悦才流下的。"

刚说完这些话，看到台下的出席者纷纷点头表示赞同，我继续说道：

"这场雨也仿佛是特意来慰劳那些最近因森林火灾而辛苦忙碌的公务员们，这是上天对我们的一次眷顾。"

于是在有些悲伤、有些烦人、有些严肃的场合当中传来了阵阵的欢笑和掌声。

怎么样？这个演说就很好地体现了在即席演讲当中的最核心要领——"随意粘贴"方法的运用。无论怎样看，"随意粘贴"总是能让即席演讲发挥得特别精彩。

如果各位进行即席演讲的话，要做到以下几点：

第一，好好观察周围情况，把握要点。

第二，围绕要点，将想象的空间发挥到最大，然后联想出和其有关联的一两个事例。

第三，将那些事例这样或那样地随意粘贴好，一定会成为一次完美的发言。

想要做到"一次完美的发言"吗？那就要熟练掌握"随意粘贴"的方法。如何巧妙地利用粘贴方法，决定了"一句完美发言"的成功与否。

● "发散联想"的水平就是"随意粘贴"的水平

"随意粘贴"的水平高低取决于你的"发散联想"的水平。所以，想要一场完美演讲的人就必须多加练习"发散联想"。

联想能力是指从某人某物想到其他相关的人物或事情，或由于某个概念而引发其他相关的概念。如果希望在即席演讲中可以达到被人赞叹的水平的话，就要从"即席"时发现的状况（现象）中接连不断地联想到其他概念（现象）。

真实案例——"白衣天使"和"乌黑男子"

在担任大韩煤炭公司总裁期间的一个星期日，应妻子的邀请，我参加了她的母校护士系"同门会"创立七十周年的纪念仪式。而且，事先我收到了"或许要说一句"这样的暗示。

在那样一个场合，身为一个非正式成员哪怕是要简短地讲一句时，如果拿着笔记到讲台上照念也是不成体统的。就算是之前得到了暗示，但是在那种场合下，还是即席演讲比较得当。

仪式前一天就开始下雨。（不知道为什么我所列举的事例都和下雨有关。在写这本书的时候，我才惊讶地发现这一现象。）妻子担心仪式会不会因为下雨出什么差错。但万幸的是，仪式开始之后雨就停了，天气开始放晴。

进入场地之后，我发现因为是护士系的关系，来宾绝大部分都是女士。除去几位教授之外，只有我一位男士。虽然已经大致打好了腹稿，但是到会场后才发现我所准备的内容不太符合当时的现场状况。更何况我想说的话，前面几位来宾都已经说过了。因此，我的大脑又开始迅速转动起来。这时候，只有利用"随意粘贴"的方法才行。

我将"护士"、"煤炭公司总裁"、"雨"、"妻子的母校"等状况作为要点，发挥了最大的想象力，试图进行"随意粘贴"。

"今天赶往这里的时候天一直在下雨，所以我很是担心。为这次庆典不辞辛劳的×××筹备委员长、×××'同门会'的会长，你们辛苦了！让我们为他们一起送上热烈的掌声吧。"

诱导观众献出掌声后，我开始掌控这样一种热烈的气氛，继续说了下去。之后就正式进入"随意粘贴"的工作。下面来看一下我是怎么做的吧：

"但是仪式开始之后看到雨停了，我就心想'啊哈！老天是想在这样一个意义深刻的日子里拴住我们的脚不要跑到野外去郊游，而是全都要过来参加同门会'（粘贴天气）。

"不知道有没有人想过，白衣天使集聚一堂的护士系同门会仪式上，为什么乌黑不堪的煤炭公司的总裁来进行祝贺呢（爆笑：将白色和黑色粘贴）。

"但是仔细想想之后，这个场合当中最合适的祝贺人便是在下了。原因是什么呢，第一，我的妻子毕业于这所学校，我是作为'女婿'来的（掌声）；第二，在我国经济发展史上最初向海外派遣的劳工当中，最具代表性的便是护士和矿工了。"

到了这一程度不是爆笑而是达到了感叹程度。将护士、煤炭公司总裁，再加上派遣劳工到德国的"历史"，这些粘贴到一起了，然后趁势进行了滑头似的广告结尾：

"今后护士系的有关仪式，即便不是请我，也提议邀请煤炭公司的总裁参加（笑声和掌声）。"

分析一下这段祝词吧。

首先，和出席同门会有关，最初在现场发现的关键词和现象是"护士系"、"同门会"、"妻子的母校"、"下雨"、"煤炭公司总裁"。

其次，为了构成演讲说辞将这些东西利用好，开始启动联想功能，看看会联想到什么样的词语和现象呢？特别是与那些"事例"相关联的词语和现象很重要。因为只有和事例联系起来，演讲才更加有现场感，内容也会更加丰富。我从"妻子的母校"这一关键词联想到了"女婿"这个词，从"护士—煤炭公司"的关键词中想到"矿工"，从"护士—矿工"中想到过去派遣劳工到德国的历史。就这样才想出了煤炭公司总裁参加护士聚会，进行祝贺的理由。紧接着又进一步想到以后也要正式邀请煤炭公司总裁参加护士系的有关仪式这样一个滑头的提议。

最后，将这几个接连不断地联想到的素材"随意粘贴"好就完成了一次完美的发言。

就像这样，联想作用在即席发言，特别是"粘贴"方法当中是很重要的。所以说，想要完成"一句完美的发言"，就要将联想作用和"粘贴"方法的作用发挥到最大。

即席发言和发散联想：留心把握现场状况。→领悟（catch）到关键词（keyword）和特别现象。→从这里出发再联想到其他有用的词语和关键词（现象）→和那些关联的事例相联系，想出例句。→将目前为止联想到的东西相互联系"随意粘贴"起来。→使之成为完美的理论。

瞬间发光的"即席演讲"

06

即席发言必不可少的
三个公式

　　我在前面说过，即席发言要在"现场"找到答案，就是说要在现场找到说话的素材。但是说起来容易，如果是碰到突然要进行发言的场合，任谁都会不知所措的。那到底要利用什么来制造话题素材呢？

　　想要构思出极具才智的发言，就要快速领会符合观众心理和当时状况的东西。这种功夫并不是一两天就可以练就的。如果想立刻说出可以令他人赞叹的发言，平时一定要对周围的人和事物保持高度的关心。要有敏锐的观察力和丰富的经验，再加上渊博的知识作为基础，特别是必须要用读书和思考来积累日常生活中的诸多话题。只有这样，才能立刻迸发出那些符合当时的场景和观众心理的话题。这就是平时积累的力量。

● 话题紧急的时候：
天主（住）、仪式、缘分、新亲家、生食、旅乐

如果可以说的素材特别多，你就已经掌握了可以完成"一句完美发言"的可能性。接下来的课题就是培养如何将这些素材活用的管理能力了。

看一看那些演讲出色的人，总是让人感觉头脑转动得很快，可以很快地在当场找到好的话题。其实是他们在不知不觉间具备了管理话题的能力。这就好比，在乱七八糟的抽屉中拿出要用的东西是很困难的，理清这样或那样的障碍物是要浪费很多时间的，说话也是一样。如果平时不好好管理话题素材，在寻找发言素材时会耽误很长的时间。但是在当场就要拿着话筒进行即席演讲的状况下，是不可能有充裕的时间的。

在话题素材很紧急的时候，头脑中要立刻浮现"天主（住）、仪式、缘分、新亲家、生食、旅乐"。

这句话是什么意思呢？这是1980年年初，我在开发讲话技巧的时候开发出来的东西。为了在需要随机应变的场合下也能轻松记住，所以说成了"咒语"的样子，如果灵活运用是很有效果的（这句话在很多书中都被引用了。虽然广泛传播是好事，但是如果可以注明出处那就更加感谢了）。

★ 天：自然灾害、气候、日记。

★ 主（住）：有关住宅和不动产等的情报。

★ 仪：穿着打扮、装饰品。

★ 式：事业、工作、事情。

★ 缘：恋爱、结婚、小小成绩的调侃。

★ 分：氛围（对话场所等）、环境。

★ 新：新闻、报道、消息。

★ 亲：邻居、亲戚。

★ 家：家族关系、家中事。

★ 生：生命、健康。

★ 食：美食。

★ 旅：能够联系到旅行的内容。

★ 乐：娱乐、趣味、运动。

● 即使是同样的话，也要更加有趣地表达出来：
一故深事短（忆苦身世短）

既然已经掌握了如何找到话题素材的要领，那现在就来看看如何利用这些素材构成发言内容。

演说并不是一定要遵循已经决定好的顺序。大致是按照绪论（导入部分）、本论（关于主题的话语）、结论（结束语）这样的顺序来展开，但是在高度紧张的时候也会没有绪论，而直接进入主题。我总是活用这样的方法（参照第29页，"真实案例——正年退职和安德烈·金"）。

说话的顺序可以暂且不论，但是在演讲中首先一定要考虑好哪些内容要如何说得符合"谋篇布局要领"。只有这样，才能很好地克服即席演讲的那种不知所措的情况发生。

为了说明这一部分，我下了很大功夫。只是单纯列举演讲构成的方法，读者们怎么能够活用呢？因为在现场状况之下，根本是记不住的。读了很多关于演讲口才的书，但还是不能很好地完成发言的原因之一，就是在现场是根本记不住那些的。

不磨面，没饭吃。再好的要领提示如果不能在实战中利用好也是毫无意义的。所以，我开发了一些在即席演讲的状况下可以轻松记忆活用的演讲"公式"。

那公式便是"一故深事短（忆苦身世短）"。这样就很容易记住了。如果遇到了要进行即席演讲的状况，只要利用以下"忆苦身世短"的公式，就一定会有所帮助的。

一（忆）：抓住一个主题

如果是进行即席演讲的话，是不可以将主题分为好几个的，说清楚一个就可以了。只要通过简短的演说，将自己想要表达的信息传达好就可以。即席演讲不是说教，不是用来炫耀渊博的知识，也不是用来提供多方面的情报。只要有一个核心的主题就可以。各位向观众传达的其实只有"一点"。

故（苦）：像讲故事一样

即席被邀请讲话，可以算是非正式的演讲。所以不要过于遵循格式，一般自然地展开话题比较好。不要为了讲一句话就掐着脖子变声说道："尊敬的各位来宾、朋友们"，这样是不可以的。如果像总统在电视中发表演讲的那样是很难堪的。如果是那样，头脑也会变得特别迟钝，说不出话来。要像在朋友面前讲故事一样，这样话也可以源源不断地说出来。

说像讲故事一样的意思就是，"按照原来的意思，把最直接的感觉"说出来。从前面介绍过的退休贺词（参照第29页），或是护士系的同门会祝词（参照第40页）中，就可以看出是将自己直接看到的和在新闻报道中直接读到想到的东西说出来。然后将那些说成第一、第二……才让观众感觉是准备好的发言一样。

如果遇到即席演讲而紧张的时候，只要直接说出"完全没有预想到要拿着话筒讲话，所以非常紧张"就可以了，然后再像之前介绍的那样将一两个主题像讲故事一般传达出去。

在进行即席演讲的时候按照"第一、第二、第三……"的格式说出就好像是准备好的发言一样，可以提高档次。这是演讲技巧之一。但值得注意的是，这时候千万不要以"某某方面有如下三点"的方式开头。那样就会总惦记着"点数"而增加压力。如果没有说出三点，当天的演讲就算是失败了。所以只要"第一、第二……"的顺序说就可以，想到哪里就说到哪里。

深（身）：表达要深刻、清楚

"历历在目"在字典中的解释是指事物和景象清清楚楚地展现在眼前。没错，像讲故事一样发言，要抓住观众的心。好像在大家的面前展现一道风景一样叙述故事。

不要用那些玄学或者文言文的表达方法，要多用一些人们喜欢的有现场感的表现方法。比起"真是深表歉意，真是遗憾至极"，用"真的很对不起"不是更加让人觉得深刻、清楚吗？

重新来看一下前面介绍的"'白衣天使'和'乌黑男子'"的例子，这样就可以知道什么是历历在目的表达方式了。就以"白衣天使集聚一堂的护士系'同门会'为什么要让乌黑的煤炭公司的总裁来进行祝贺"这一部分为例来说明。如果将这个说成"为什么护士系的'同门'要让煤炭公司总裁来……"的话，想要引起爆笑就很困难了。利用"白衣天使"、"乌黑的总裁"等修饰词语才使得话题更加生动，这样就可以变成更加贴近观众心灵的演讲。

深刻而生动的表现就是要犹如日常对话一样多用日常用语。

事（世）：犹如介绍事件、状况一样

在说明一个中心主题时，不管怎样都要讲出事例和事件。那样讲话才可以更加自然地表达出想表达的意思，也能够让人感觉生动有趣。本书中会出现很多次事例、事件、状况、插曲（貌似都是同一个意思）。我用同一个意思而不同的词语反复强调的理由是它真的很重要，大家要切记啊！

小时候，父母给我们讲故事时就使用这种技巧。"在很久很久以前……"这就是一种导入式广告的说法，也是即将展开某个故事的"预告片"，因而引

起孩子们对故事的兴趣。这样引起人们兴趣的方法不是别的，正是"事件、状况"方法。

进行即席演讲，站在讲台上拿起话筒便说出"我昨天晚上遇到一件非常郁闷的事情"，这样打开话匣子之后，所有人都会洗耳恭听的。

不管是即席演讲，还是有所准备的演讲，最好的话题素材便是事例和例句。如果话题素材是观众们都知道的事情，兴趣就会减半（在讲到观众们都熟知的事例和状况的时候要加入自己对事例和状况的看法）。如果是他们第一次听说的事情，会更加有"噱头"。

观众们第一次听说的事情应该是什么类型的呢？不是别的，当然就是演讲者自己"亲身所经历的事情"。那是话题素材中最好的。

短：不要拖得太久

这是一次我担任庆典主持时发生的事情。特别有名的一位来宾在中途入场了。在发言顺序中本来没有他，但是庆典主办人委托我让他在中间说几句话。按照指示，我邀请他"说几句"，接下来那人的即席演讲便开始了。

"突然给了我这样一个说几句的机会真的是很感谢。"这样的开头之后他的演讲持续了有二十分钟之久。这样中间插进来的人比主宾们讲的时间还要长，真是太糟糕了。因为他的缘故，整个仪式进行得很糟糕。仪式结束后，不知情况的人们批评我道："为什么要让那个人讲话呢？"后来才知道那人可是有"冗长演讲"的恶名。

即席演讲三分钟就足够了，甚至三分钟都有点长。据统计，人在听了两分三十秒的演讲之后就会觉得枯燥乏味。主持人邀请嘉宾进行即席演讲的意思就是和"简单说几句"的意思一样。虽然道理是这样，但是那些伶牙俐齿的人还是喜欢说得很长，真是一群不懂要领的人。

如果将即席演讲说得过短会给人特别没有诚意的感觉，但是如果挂念着这点就将演讲拖得很长那就是更大的败笔。切忌，即兴演讲绝对不要拖得太久。

● 超简单即席演讲构成法："四词"

另外，要大家铭记于心的即席演讲公式还有"四词"。即便是处在特别窘迫的状况下也能够积极应对，构思几句简单的发言。"四词"便是指问安、感谢、赞词、献词。

问安，正如这个词的本义所指，就是打招呼、寒暄的意思。感谢，就是对给自己这样一个讲话机会的感谢，或是加入一些对观众和有关人物的感谢的话。赞词，是指对仪式筹备的人或相关人员的称赞。献词，就是要说的话，即演讲的主题。

这四项并不是一定要按照"问安—感谢—赞词—献词"的顺序来讲。可以根据状况的不同进行调换，或者不将四个方面都做到也可以。

希望在遇到突然要进行即席演讲的状况下头脑中可以立刻浮现"四词"——问安、感谢、赞词、献词。然后在此基础上，添加适当的话题以此对应，就可以充分化解"危机"。

真实案例——在即席中可以引发掌声的"四词"公式

这是在江原道麟蹄郡发生的事情。当时我参加了一个在一起共事很长时间的后辈的退休仪式，在仪式快要结束时邀请我讲几句话，是出于一起共事的前辈的角度。

但偏偏当时我正处于进行地方领导人选举的时候，"讲几句"是很受限制的。如果说话稍有不慎，就有可能因违反选举法而遭遇到麻烦的事情。毫无准备地去参加仪式，遇到这种状况，我的头脑迅速转动起来，立刻想起了"四词"，按照这个公式（问安、感谢、赞词、献词）说了下去。

"各位好！我是和×××在农协一起共事了三十年的赵宽一。（问安）

"在这样一个意义深刻的日子里给了我一次发言的机会，真的是非常感谢。（感谢）

"虽然一提到退休会给人一种特别寂寞的感觉，但是以活到一百岁为目标，今天的六十岁正意味着一个新的开始。再加上×××看上去也不过就四十出头的样子（观众爆笑），所以今后还是可以做很多好事的。

"几天前去了杨口郡，看到贴着一个非常大的标语，'来到杨口就年轻十岁'。但是在这个地方贴着'在麟蹄郡退休之后，从现在开始可以变得更加幸福'这样的标语更好。（对人物和地域的赞美）

"所以从这个意义上说，希望×××今后可以更加幸福。"

于是传来了出席者们的一阵阵笑声。

接下来就以"对于家族成员的慰劳，关于今后新挑战的激励，健康和幸运的祈祷"等"献词"简单地做了结尾。仪式结束后，那个地方的元老走向我打招呼，说了一些感谢的话。

由此可见，在进行即席演讲时要好好揣摩"即席"的状况，将前面介绍的三种公式活用好是会有很大帮助的。那样的演讲现场将是妙趣横生，同时也能提高自己的地位，你的智慧也会很自然地展现在大家面前。

说明讲话的资格

在演讲的时候，将自己是以何种资格和身份讲话在绪论（导入部分）中讲明会比较好。像在前面看到的，在退休仪式中如果要进行献词的话，就要先表明我和退休者之间有什么关系，这样就可以很自然地表明自己为什么会站在这里讲话。前面说出了"我是和×××在农协一起共事了三十年的赵宽一"。当然这个可以做更加详细的说明，是在哪里怎样一起工作的，但是因为考虑到演讲的时间有限所以简单说了一下。像这样强调自己和主人公的关系，说明讲话资格是在任何的仪式庆典中进行自我介绍、问安时的一个重要要领。

07

虽然是即席的，但是要具备"形式"：
有头有尾的方法

演讲一般由绪论、本论和结论三个部分构成。但是在大多数情况下，大家在导入和结论部分都会有潦草处理的倾向。在导入中只是问安，在结尾处只是感谢，若以这样的程度结束演讲，就已经到了程式化的地步。

但是请千万不要忘记，导入和结尾与本论是同样重要的。

● 能够压倒接下来十分钟的最初十秒钟

现在思考一下大家的演讲是如何开始的吧。曾任美国西北大学校长的名演说家库克说："要想尽各种办法，力图用第一句话就勾起观众们的兴趣并且获得他们的好感。"

即使他不说这句话，单从以往的经验来看，演讲开始得怎样决定了整个演讲的氛围，这是绝对没有错的。如果开头就是叙述故事的方式，那之后也应该是一个样子。如果开始是一种很深刻严肃的申辩，那之后也应该一直深刻下去，没有机会嵌入幽默。在途中突然变换风格是很困难的。所以说开始很重要。真的，特别地重要。

　　演讲的时候，最初的十秒钟要比之后的十分钟都重要。最初的十句话要比之后的十万句话都重要。

——艾尔墨·惠勒(著名营销大师)

演讲要怎样开头呢？对于这一点，不同的演讲者有不同的说法。许多理论家都认为在导入部分应该添加一个幽默的小笑话，叫作"ice break"，意思是讲台上的人和观众席之间冰冷（ice）的气氛瞬间被打破（break），就可以继续完美的发言。

另一方面，卡耐基虽然认同幽默的重要性，但是他忠告各位不要以诙谐故事开头，那是初学者应该运用的技术。如果硬是添加诙谐幽默，会让人感觉演说很寒酸不值钱。

我们不能说哪一方一定是正确的。在我看来，两方都是正确的，只是因为状况有所区别而已。要懂得根据仪式的水平、观众的水平，还有氛围的不同做出灵活变通的处理。

许多人都有一种观念，认为只要抓起话筒就应该让人捧腹大笑一顿才正确。所以硬是在演讲中添加幽默，认为自己的话让观众笑出来就算是"成功一半"了，其实这是一个错觉。虽然观众的笑声可以作为成功演说的晴雨表，但是随着笑声频率的增加，演讲者的形象也有可能被破坏掉。

Ice break的幽默要达到以当时所处场所的所见所闻为基础，达到让人能轻松发笑的程度就够了。"发笑"和"幽默"是有区别的。为了计划让人笑，就使用纯粹的开玩笑式的幽默，那会成为问题。使观众们开怀大笑或许会成功，但是拉远了与"一句完美的发言"的距离。

除了幽默，还要多思考有什么其他东西可以在开头部分引起观众们的兴趣。以"一句完美的发言"作为目标的人要在这一方面有自己独到的想法。

就我个人而言，进行即席演讲的开头最好是按照"说故事一样的方式"和"活用现场状况进行幽默构思"的方针实践。不是即席演讲而是有所准备的演讲时，则根据准备好的几个ice break手段，按自己的想法进行活用。

也有省略掉导入部分，直接进入本论的方法。举个例子，就是将问安式的发言果断省略掉直接说"今天站在这里想到了两件事情。第一……"，按照这种方式进行话题的展开。这种方法适合在演讲上比较有经验的人或是对于演讲相当有自信的人。但是根据状况的不同，稍不留神会给人留下傲慢或者不合礼仪的印象，也有可能遭到批评的情况。因此值得注意的是，按照我国的文化，"一句完美的发言"的导入部分在礼仪方面要考虑的东西其实比想象的要多。

举个例子吧。

在参加某一个庆典的时候，留心观察一下仪式进行的状况，注意一下说话的内容，可以观察到，在导入部分，很多来宾都会嵌入很长的一段话。"今天莅临现场的各位来宾，×××委员长，×××总裁，×××厅长，×××所长……"等不一而足。可不仅是这样，一个人演讲完毕之后，第二个人还是会重复同样的话。这真是个让人头疼的现象。但是又能怎么办呢？这就是我们的风俗，是现实。

干脆省略掉不可以吗？没有什么不可以的。也可以没有任何介绍客套的话语直接进入主题。但是无论如何还是不得不说出席者当中最重要的几位（VIP），但是如果这么做，排在后面的出席者心里就会有意见。正因为如此，开头就会变得特别长。

我特别反感将来宾的介绍拉得时间很长的方式，甚至还反复地强调"就说那些没用的来演讲"之类的话。所以我的几句发言当中没有"人物介绍"。但是随着地位的升高，作为来宾出席各种活动时发现，情况有所变化。在一些庆典活动中进行嘉宾介绍时，如果落下了我，我心里会觉得特别不舒服，心情比想象的还要差。还是换个位置考虑问题会发现很多东西。虽然不好意思还觉得有点庸俗，但这是我很坦率的告白。

实际上，我还看到过在现场因为没有介绍到自己而生气离开的人。并不是寥寥可数的几个人，这样做的人很多。所以说生活很困难，说"一句话"也很困难。

考虑到这样那样的情况，在演讲的开头部分还是按照传统习惯，加入适当的问安和来宾介绍才是比较安全的做法。但是在那种情况下，那一部分会被看作是画蛇添足，还是试图要在介绍的话语之后进行最本质最有趣味的发言。

按照我的情况，进行即席演讲的开头按照"说故事一样的方式"和"活用现场状况进行幽默构思"的方针实践。不是即席演讲，就根据演讲的性质提前准备好几个ice break的方法，按自己的想法进行活用。

演讲开头的要领

★ 要多思考如何做才可以引起观众的关心和兴趣。在这一部分"自己的独门秘诀"最重要。

★ 在演讲开头中介绍嘉宾的时候要注意，不要将主要的问安词忘掉。虽然并不是故意落下的，但是被忘记介绍的当事人要比你想象中的更加不高兴。

★ 不要以论辩式的话语开头，不要像朗读一样的演讲，任何时候都要以会话的模式开头，有时候甚至可以真的和观众们进行直接交流。举个例子，"今天第一次见我的观众请举手示意一下"，这样就可以很自然地进行对话模式的演讲。

★ 开头尽可能简短，不要拖得太长，要快点进入主题，观众的好奇心才可以继续保持下去。

★ 在开头就表明今天要演讲的主题，这种做法比较好。比如按照"今天我所要演讲的主题便是有关职场人士的专业性"的方式说话。

★ 解释并非是谦虚的表现。因为没有时间准备，或者说原本并没有讲话的安排，按照这种方式开头的演讲效果往往不怎么好。

★ 不要制造教导观众或者谴责观众的这种不愉快的气氛。即便现场出现这种状况，也要想办法处理和应对。

● "到此结束"是很没有意思的

如果有了一个漂亮的开头，那结尾也要毫不逊色、具有冲击力才对。大多数演讲中的结尾都是"非常感谢各位的倾听"、"很感谢大家能听我说到最后"、"我的发言就到此结束"。对于这种形态，卡耐基一句"绝对不允许"的话便否决了。

但是这仍然要根据演说的状况和方式的不同而有所变化。在很正式的演讲当中，将最后装饰得完美的情况比较多，但是如果只是在一般场合讲话，在结尾利用特别夸张的修辞，反而会让人感觉很奇怪。

举个例子，林肯的演说，"在上帝的庇佑下，得到新生的自由——要使那国民的、依靠国民的、为了国民的政府不致从地球上消失"，就是一个很有名的结束语。

1970年1月，在国情咨文发表的时候，朴正熙总统的演说："我们的子孙后代问到今天这个时代的我们为他们做了些什么，为了祖国做了些什么的时候，希望我们可以毫不犹豫地说出我们'怀着祖国现代化'的信仰一直努力着，努力着。"这个激动人心的结尾也久久被人提起。

　　与这些相比，平时我们进行的即席演讲的结尾就显得很朴素，但是符合气氛和场合。即便是这样，自己努力加入有意义并且符合时宜的言辞也是很有必要的。

　　举个例子，在进行送别会的即席演讲时说"和我们尊敬的×××在这里留下的卓越功绩一样，他的名字也将永远被我们记住"，这样的结尾也会让人印象深刻。或者把自己在本论中强调过的信息压缩之后再一起简短整理，再或者将观众希望听到的东西用简短的语言再次重复也是很好的办法。

　　如果想做一场让观众久久不能忘记的"一句完美的发言"，就有必要让人在久久回味的结束语中狠下功夫。

成功结尾的要素

★ 信息的反复强调。

★ 明确告诉观众，在这里听到的这些信息在以后的生活中会有什么帮助。这时候就要再一次表明自己的主张。

★ 恰如其分地向庆典的主办方和观众行礼问安。

★ 告别词。

★ 最重要的一项就是——喝彩叫好！

——摘自罗曼·布劳恩的《绝妙的口才》

08

能代替"一句话"的
"一句话"

众所周知，演讲是由"言语"构成的。但是言语和言语之间也是有区别的。根据不同的情况，也有可能使用完全不同的语言。也就是说，即便不做我们要做的"一句发言"，也有可能收获超乎想象的效果。

几年前，我曾经到江原道高城郡的深山里参加一个仪式。那是在"三八"线附近放生三文鱼的仪式。山谷中有一个流进东海的小溪流，听说在那里被放生的三文鱼，能顺着溪流游进东海后，一直游到阿拉斯加附近然后再游回来。

真实案例——今天的祝词是"坚强吧，今顺！"

在放生三文鱼后还有其他的仪式。正如其他大部分的仪式那样，那天也有很多嘉宾发表祝词、纪念词和激励词，现场气氛照样是冗长沉闷。

因为不是什么需要特别庄重的场合，因此在很自由的氛围中，大家都发表了即席演讲。但由于每个人讲的都是相同的内容，因此对我来说没什么特别想听的。比起那些发言，看看都有哪些人来参加本次仪式反倒显得更加有意思。

但是出乎我的意料，最后登场的一位和尚却把气氛引向了高潮。他是当地的一位和尚，虽然是很失礼的表达，但是长相确实有点喜剧演员的范儿。这位可爱的和尚一拿起话筒，便做了让人目瞪口呆的即席演讲。内容大致如下：

"来到这个深山老林里，各位真的是辛苦了。好听的客套话前面已经说得够多的了，我就用一首歌来表达我此时此刻的心情吧，并以此感谢大家的光临。"

这真是让人备感意外的结局。然后音箱中就慢慢传来老民谣《坚强吧，今顺！》的优美旋律。这个和尚选择的并不是祝词，而是祝歌。我本以为他会说出一些陈词滥调的话语，但是万万没想到他做出了让所有客人都大跌眼镜的爆笑举动。

诚然，这位和尚选的曲目和当天的主题离得十万八千里，但这首有些"荒唐"的歌曲与和尚那几乎找不到旋律的歌声，却让现场的气氛达到了高潮。大家在爆笑中围着面带羞涩微笑着引吭高歌的和尚，报以热烈的掌声。

僧人与祝歌，再加上跑调的歌声……没有一件是让人觉得和谐的。但就是那样的不和谐引来了观众一阵阵欢快的笑声和热烈的掌声。毫无疑问，那天最耀眼的明星非他莫属了。那天最好的祝词也是"跑调祝歌"。出席当天活动的人们十分佩服那位和尚的大胆举动，用笑声和掌声回报了他。

那天，我真真实实地学到了一手。祝歌，在一定程度上也可以成为优秀的即兴演说，只要选的曲目没有问题，在适当的场合，歌曲也可以成为"一句完美的发言"。这与演唱实力没有任何关系。

再介绍一个与此有关的技巧。

有一位我所熟知的女士，因为长时间一起共事，因此经常有一起参加送别会、晋升祝贺会等的机会。但是那位女士的即席发言形式也很特别，会根据不同的现场状况，有时会以吟诗来代替。犹如前面介绍的那位可爱的和尚，她只是用诗歌代替了歌曲。在不同的场合，只要所选的诗歌内容符合当天的主题就可以了。

只要她吟出的诗歌符合现场气氛，自然而然地会令在场的各位对此产生好感。这与普通的演说完全不同，给人以清新的感受，也留下了深刻的印象。各位不妨也尝试一下这种方法。

但是，活用这种方法有一点千万要牢记：那就是朗诵诗歌比唱歌难度大得多。熟记一首诗歌，不是一件简单的事情。实际生活中，有很多刚朗诵到一半就尴尬退场的实例。

用歌曲或诗歌来做即席演讲，如何选取曲目或选诗歌是最重要的。问题在于你处在一个什么样的状况和氛围当中。在非常严肃和遵循规矩的场合下是不可以采用这些方法的。但是当你把这些方法升华成自己独有的技巧和秘诀时，你还是可以游刃有余地灵活运用它们。

不擅长做"一句发言"的人的10个共同特点

1. 没有自信。发音不准确，总是停顿。不能将视线放在观众身上，缺乏身为演讲者的仪表姿态。

2. 没有诚意。把被硬拉出来的不满都写在了脸上。

3. 没有核心和重点。没有一条贯穿始终的主题和想要表达的信息。

4. 没有新意。不能说出深入人心的事例和经验之谈，而只是在重复一些众所周知的东西。

5. 没有内容。话语中只有一些修饰语，或者不能重点表达关键词，总是翻来覆去地在说着重复的话。

6. 没有计划。对于演讲没有做过细致的计划，只是想到哪儿说到哪儿。左冲右撞，毫无头绪。

7. 没有幽默感。完全没有幽默的构思或者为了博得观众的笑声，讲一些下流的笑话，等等。

8. 没有魅力。乱用流行词汇和专属语言，或者乱用专业术语和外来语。

9. 没有资料。没有积累演讲所需的素材。

10. 没有变化。声音的强弱、语气、表情、姿势总是一成不变。

如果是想活用这种方法，积累好有关升职、离别、祝贺等符合各种场合与情境的诗歌和歌曲是很有必要的。千万不要嫌麻烦，只有付出这样的努力，你的演讲才可能让人赞叹。

瞬间发光的"即席演讲"

09
演讲一定要简短

有一位培训学院的院长邀请我去给他指点"如何更好地讲课"。因为学员们入校后，院长会有两个小时的特讲时间，这样的安排让他感到很有压力。

本来就没有什么口才，而且也没有什么特别的东西要讲，因此对他来说，这两个小时的特讲简直就是在地狱里煎熬。好不容易费了很大功夫讲了一些职场生活中的经验之谈，但是学生们的反应仍然不怎么好。在研修课程结束后的问卷调查中，院长的特讲得到的分数最低。听到这里，我完全理解了院长那郁闷至极的心情。

院长的讲话，不应该是充满PPT模板和辅助资料的"授课"，而应该是类似于教导一样。在超过一百分钟的时间内，做一个让观众感觉不乏味的演讲，即便是对专业的演讲师来说，也不是一件容易的事情。

"一定要说两个小时吗？"我问道。

"不是，不是一定要讲两个小时。但是在我们研修院，每一门课程的授课时间都是定为两个小时。"院长无可奈何地回答道。

"那么，就先把时间缩短一半吧。既然对演讲没有信心，为什么还要讲完两个小时呢？将时间缩短到一个小时以内，如果是同样的内容，缩短时间是很重要的技巧。您是院长，缩短时间的权力应该是有的吧？那样内容也可以压缩，没有什么累赘，一定会成就一番完美的发言。"

不久之后，院长打来电话说问卷调查的结果非常好。时间缩短之后，演讲变得让人备感趣味，院长的自信心也增加了不少。

● 演讲和速度

如果对发言或演讲没有什么信心的话，那么少说话即为上策。说得简短一点，这就是"一句完美的发言"的第一要领。

这并不是说没有口才就要快点结束的意思。当今是高效率的时代，所有的人都在追求速度。因此，在观众面前慢慢悠悠地发表长篇大论，这是绝对要不得的。如果不是学校硬性规定的课时，而是在即席演说中，发言越简短越好。

即便是在规定了时间的课堂中，将不是重点的内容拖得很长也不是一件好事，特别是导入部分，枯燥乏味的长篇大论是绝对要禁止的。因为这样，观众会感到特别枯燥。因此，应该将自己想要表达的东西开门见山地说出来。

试想一下，我们每天在电视、杂志、报纸中接触到画面感强烈而明快的广告简直是不计其数。广告中的每句话都是经过锤炼和压缩的，因此没有一点点的累赘。当下的年轻人，感性地接受新事物的速度很快，但对于长辈来说，最近充斥在各种媒体上的眼花缭乱的广告是很难理解的。在已经被这种表现形式熏陶了的观众面前，你却发表长篇大论，这无异于让他们马上厌恶你。

Kiss原则

在做演讲的时候有一个原则是"Kiss"，就是指"Keep It Short & Simple"。这是那些大演说家共同推崇的"黄金定律"。即演说要简短，特别是在构思句子的时候，不用夸张和冗长的表现，不使用专业用语，不使用很难理解的词语。要使用平易近人、简单而又能够感动观众的语言来表现，这便是那些著名演说家们都要遵循的一个原则。

听这些人的讲话你会发现，他们总是将并非重点的常识性东西说得很长。观众其实已经大都了解这个主题，期待着下一个主题，而演说者还滔滔不绝地围绕这个主题说个没完，总是在重复着同样的话语，让观众筋疲力尽。没有悬念、没有趣味、没有核心的演讲是不可能成为"一句完美的发言"的。

在描述核心场面或畅谈经验之谈时，细节描写是很有必要的，那样观众才能有切实的感觉。但是如果细节描写脱离了主题，那就不是细节描写而是一堆废话了。

压缩的讲解！快速的传达！简洁的表现！迅速的场面转换！要有节奏感的演讲才是一场观众愿意听的演讲。速度就是演讲的另一种生命。

小七，中十，成十五，这是按观众的年龄总结出来的能集中精力听演讲的时间上限。即在演讲或发言的时候，小学生是七分钟，中学生是十分钟，成年人是十五分钟，如果超出这个上限，观众是很难集中精力继续听下去的。在一般的庆典仪式中，人们在听发言时，只要过了两分三十秒就会开始想着什么时候结束啊。所以，这就是我要强调三分钟演讲的原因。

● 解读观众的心理，那样自然而然就会简短

很久之前，我就领悟到了一句话发言的重要性。读大学的时候，我很喜欢听那些著名政治家的演说，因此，只要一听有演讲会，就直接跑到现场留心观察他们演讲时的神情和风范。不仅如此，我还像新闻主播那样，拿起报纸开始播报新闻，或者像资深记者那样对一件事情进行点评。有时，我还一个人跑到后山，面对花草树木展开滔滔不绝的演讲。

在二十岁刚出头的那几年，为什么会做出这种疯狂的举动，我至今也无法理解。但是从那儿之后，我阅读了许多令人印象深刻的演讲稿，从中获取了一些经验教训并一直付诸实践至今。

其中，有件事对我的影响极深，那是当兵时候的事情。

那是我被任命为ROTC（预备军官训练团）军官，在前方过着军人生活的时候，我所属部队的师长是一位非常优秀的人。在军队，通常是地位高的人一出现，部下总是想方设法躲避，长官和士兵之间就更不用说了。然而，那位师长却在士兵当中保持着超常的人气。只要贴着闪闪红星的师长的吉普车一出现，士兵们不但没有选择躲避，反而都跑过来向他敬礼。

我们师长之所以会受到士兵们的爱戴是有原因的。在一般情况下，他不会冲着士兵大喊，在指责部下的时候也绝对不使用极端苛刻的言语。他理解士兵们的心理，经常安慰大家，具体的事例有很多，我在这里就不赘述了。但是师长在我心中能留下深刻的记忆的最关键的一点就是他的口才。

那是在全师运动会上发生的事情。前方部队的全部官兵聚在一起开运动会并不是件容易的事情，在师长任职期间可能有那么一两回。即便不是这样，次数也很少，在部队的运动会上，各单位之间的竞争本身就异常激烈，再加上遇到全师运动会这样高规格的赛事，所有参加的人员就更是拼命了。

太阳西落，所有的赛事都已经结束，轮到颁奖仪式了。拼了一天的士兵们，体力早就透支了。

　　颁奖仪式的时候，除获得各种荣誉的喜悦外，还有一个担心，那就是还得回到自己的营地。这种担心并不是多余的，因为从运动场到所属部队，最远的甚至超过了十公里。在又饿又累的状态下，为了要维护步兵的荣誉，还要步行回到自己的驻地，这可不是闹着玩儿的啊！

　　颁奖仪式的最后一个程序是师长的训话。像其他士兵心里想的那样，当时我也在想："又得听一场无聊的训诫了，累死算了！"全体士兵先向师长敬礼，师长也环视一下台下的全体官兵后举手还礼，然后他开口说道：

　　"今天大家比拼得很好。各位辛苦了。散会！"

　　"结束了？"

　　这就结束了。没有一句套话和官话，一个不到十秒钟的简短发言，却令长官和士兵们报以最热烈的掌声和欢呼。那时我才明白他为什么能受到所有人的爱戴。

　　如果和其他师长那样，发表一番长篇大论，说什么"体力就是国力"、"战争"、"强健的身体素质和健全的军人精神"……底下听的人肯定满腹牢骚。但是他没有那样做，因为他深知那些又累又饿的官兵现在最想要的是什么。

　　想要做好"一句完美的发言"，就必须解读好观众的心理。向那些饥肠辘辘又得走很长一段路程的士兵们，做一个冗长的演讲，怎么是好的演说呢？

　　师长在之后的日子里也总是会用简短演说来感动我们。我通过师长学会了"此处无声胜有声"——用简短的语言来打动观众。在以后的日子里，每当我开启话语之门的时候，也总是将这一道理作为衡量讲话的标准。

　　总之，演讲者无论如何都要在解读观众的心理后再进行演讲，这是演讲的一大原则。要清楚，有时即使是一段非常简短的话，也可以收获很好的效果。因为在无声中受到感动的人很多。

● 演说真的是越短越好吗？

"女人的裙子和演说一样，越短越好！"这是林肯总统常说的一句玩笑。不知道他为什么会说出这样一句类似于性骚扰的话。那么，演说真的是越短越好吗？

先说结论，对观众来说简短的演说是好事。前面我也一直在强调这一点，但是那也是有限度的，也就是要"适当"地简短。女人的裙子如果过短的话会出现什么后果呢？裙子会失去其原本的"遮盖"功能，反而变得丑陋。同样的道理，演说如果过于简短，就会丧失其原本的功能。

某年夏天的一天，我参加了妻子的"同学会"。本来是送妻子到会场，结果被活动组织者发现，无可奈何地参加了清一色的女性聚会。

二百多位女性，我真是万红丛中一点绿。因此，主持人早就想过让我代表男性对本次活动表示祝贺。在活动进行到一半的时候，她突然邀请我说几句话。这是我之前完全没有料到的突发状况。

当时，我正参选道知事（类似省长），所以大家对我也有一些兴趣。对我来说，这也是一个很自然地让大家认识我的机会，所以没有理由拒绝。

但是结果很惨淡。在走向讲台的时候，我脑海中顿时想起了"简短演说"的代表——我们师长。所以也想像他一样，利用简短的演说来感动在场的嘉宾。于是我说道：

"大家好！今天的天气很好。无论怎样都希望各位可以度过一个愉快幸福的日子！"

这就是我演讲的全部内容。

今天回想起当时的情况，都觉得丢人。

"大家好！今天的天气很好。无论怎样都希望各位可以度过一个愉快幸福的日子！"这句话都不能算演讲。因为过于简短，甚至连我自己是谁都没有介绍。不仅没有给观众留下深刻的印象，甚至连自己的名字都没有机会传达。

或许观众都在想"怎么会有这样无聊的人"、"真是个没有诚意的人"。

那天，我只想到了要"简短"，但是忽略了观众对我持有好奇心的这一个心理。

坦白地说，那一夜我无法入睡，特别后悔和懊恼。（你们有可能在想，这有什么啊，要是为这种小事不能睡觉的话，还活不活了。可正是这样的粗线条，正妨碍大家无法进行完美的演讲。）"还希望老公你在我同学面前发表一场完美的演讲呢？结果搞成这样……"老婆对此也耿耿于怀！

演说越简短越好，这里所谓的"简短"是建立在能给人留下深刻印象基础之上的。只有在符合现场气氛的前提下，"简短"才可能带来感动。女人的裙子也是一样，单纯的短是没有任何价值的，只有短得散发着无法抗拒的魅力的时候，它才是有价值的。

师长的简短发言，是很符合当时的状况的，所以给人带来强烈的印象，能够引发观众的赞叹，而我却忽略了这一事实。

演讲尽可能简短才好，切记是"尽可能"，而不是"一定要"，要有一定的"限度"。千万不要忽略这一点，因为一味的简短可能会适得其反，为了扩大演讲的效果，我们需要做"适度的简短"。

瞬间发光的"即席演讲"

10

"即席发言"
不可轻率

　　能来一场让观众为之欢呼呐喊的完美发言，是各位的愿望，所以大家来看这本书。但是比起完美的演讲，有比这更重要的一点。原本是想成就一番有名的演讲，但是因为不小心说出了不该说的话而前功尽弃。尤其是在即席演讲中，更加要注意这一点。有时候在气氛的渲染下，不自觉地说出一句完全意想不到的话而面临尴尬。

　　那些口才好的人，头脑总是转得很快，会根据当时的状况选择恰当的话语和绝妙的表现方式来征服观众。但是猴子也有从树上掉下来的时候，正如"成也萧何，败也萧何"，口才好的人因言招祸的例子也很多。我觉得比起那些不会说话的人，弄出"舌祸"的人反而更多，因为说话的机会多，出错的机会也会随之增加。

　　不说话还好，为了想展现一下完美口才而适得其反，这就太不应该了。

● 比起"说话术"，"心术"更重要

要想把话说好，看似简单却也很难，看似很难却也很简单。先不说讲得有多好，只要不失误的话就万幸了。大家还记得下面的几件事情吧！我就不指名道姓了。

一位身居高职的行政官员因为演讲中的一句失误，而只能退出政治舞台，这辈子的努力都付诸东流。因解说体育赛事而出名的一个人，看到选手惊慌失措的样子嘲讽其"好像是江原道的人来到了首尔"，于是最后沦为众矢之的。

我是一个到处去演讲和授课的人，最近突然意识到一点，那就是说话时自己变得越来越小心，有时候甚至会感到害怕。因为怕演说的话语和场面原汁原味地记录在相机或摄像机中，不知道什么时候就被谁放到网上，因此每次我都如履薄冰。

最近，因交通事故而致使身体残疾的人很多，因此在演讲中不能以残障人士为案例。现在离婚虽然也是常事，但是说关于离婚的话题也要多加小心。有时候，在讲课当中为了解决观众的枯燥乏味而说出的一个笑话，因涉及宗教问题而当场遭到很多人的白眼。因为台下的观众总是各式各样的，因此即便是很小的事情，你也要时刻绷紧神经，多加注意。

我们的祖先早就说过："三寸之舌可以救一个人，也可以杀一个人。"现如今，用它来杀害他人的事情是做不成了，但是用它来"自杀"的情况反而多了。

因此，口才好必须以不会说错话为前提。那么，到底要如何说话才是正确的，要做什么样的演讲才好呢？这本书里虽然介绍了很多要领和技巧方法，但是为了做到"一句完美的发言"，有一些事情必须时刻铭记于心。

第一，要摒弃那种试图将话说得特别流利、特别漂亮的贪念，学会控制那些想要把话说得太完美的贪心。欲望越多，就越容易超出界限，从而提高失败

的概率。这就是我在经历很多失败后切身体会到的"说话的原则"和"演讲的真谛"。比起一场华丽的演讲，将自己想要说的话诚实、有趣地向观众传达好从而引起共鸣，树立这样一个朴素的目标比较好。

第二，要对观众和世界保持一种积极正面的想法与心态，这样才能发挥积极的作用。比起"说话术"，我更加喜欢"心术"，即在构思流畅的话语之前，首先不能歪曲自己的心灵。要有一个好的心态才能说出好的话语，才有可能真正成就"一句完美的话语"。

在构思幽默的时候也是同样的道理。真正的幽默是积极正面的，从而让对方感到高兴和快乐。如果心术不正，你构思的幽默或许会引来一些观众的笑声，但是会伤害到其他一些人的心灵，那样还不如不讲幽默。

语言是心灵的一扇窗户。如果各位的心中都盘算着要伤害对方的话，是绝对说不出好听的话来。如果总是消极地看待这个世界，那么说不定什么时候就会引来"舌祸"。

第三，在构思演讲时，一定要仔细审查那些有可能引起失误的要素。从用语的选择到幽默事例，要看看有没有哪些内容会引起观众反感，需要一一核对。为了做到这一点，要事先调查观众都是什么人，有时也要确认周围有没有录音或摄像设备。

如今是"自我PR"（自我公关）时代，口才已经成为一个人的核心竞争力之一，这是不争的事实。那么，以高水平演讲作为目标的人在掌握说话技巧之前，首先要学习如何预防出现话语失误；因为正是话语导致很多的是是非非，无论如何，说话要小心！

● 不存在"即席演讲"

在这个世界上是不存在所谓的即席演讲的。

不存在即席演讲？前面一直都在说即席演讲的技巧和方法，怎么又突然说没有即席演讲呢？没错！"即兴演讲"是有的，但"即席演讲"是确实不存在的。

人们总是希望在没有任何准备的情况下，通过出色的技巧和方法成就一段完美的发言。希望那些口才书的作者在书中教会这些技巧和方法。我在这里很负责地告诉大家：世界上根本就不存在这样的技巧和方法。没有做任何准备，怎么可能成就一段让人感叹的演讲呢？不管是何种形态，总是要有所准备才能够做到完美发言，这是常识。从这个意义上讲，是不存在即席演讲的。

相信各位已经明白了我这句话的意思，所谓的即席演讲只是表现形式为"即席"而已，它其实得力于演讲者在很长时间以来所积累的经验、想法、观察和各种准备。

没有这些准备作为基础，只做人云亦云的即席发言是不可能征服观众的。

再次强调一下，世界上不存在所谓的"即席发言"。不对，在即席的状况下，发言是有可能的，但是不可能依靠即兴来引发观众的赞叹，甚至连日常对话，也以平时积累的素材和经验为基础，唯有这样才能说出漂亮的话语，更何况是在大众面前演讲了。平时随时准备，将一句话发言的准备生活化，将那些元素积累下来并形成习惯的话，就可以在任何"即席"场合中完美发言了。保持这样一种心态，逐渐熟悉即席演讲和接下来要介绍的细节训练方法吧。

Part 3

关键是用什么
来完成这漂亮的一句话

"特别想把话讲得很出色"，经常来向我讨教秘诀的人都有一个常见的错误。那就是将讲话的"内容"抛开，只关心"说话技巧"。

"怎么可以将话讲得那样有趣呢？我真想知道那秘诀到底是什么"、"只要我一张嘴，气氛总是变得很尴尬，能告诉我说话幽默的方法吗"……我听到的大概都是诸如此类的提问。

如果是感叹于我的演说，那必定是对我讲的内容产生共鸣。即便演说当中的说话技巧再精彩，如果内容很无趣的话，观众们是不会接受的。但是人们总是不知道自己到底是因为什么而发笑，只是注重于某些外在的东西。

我们一定要注重本质。如果本质不过硬，那么无论是多少华丽的装饰也是无用之物。观众并没有那么愚蠢，不会只被那"完美的一句话"的说话技巧所左右。口才不要只停留在说着玩儿的阶段，要和内容很好地结合起来形成"完美的一句发言"。在第三部分，我们将介绍"像样的一句话"中特别重要的要素之———目录构成。

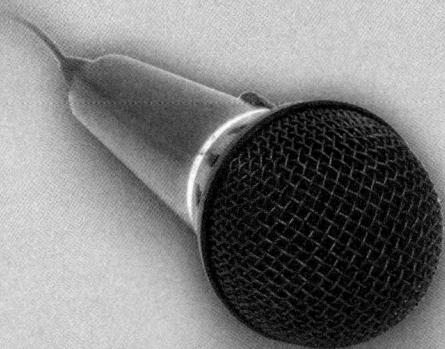

不用嘴巴，而用资料说话

● 问题在于"内容"

以上我已经介绍了许多即席演讲的方法，那么应该怎样做才可以在即兴状况下完美地说一句呢？那就是在即席场合，用最短的时间来搜集说话的资料。

在这里，大家会产生一个疑问。

平时要不断地积累演讲所必需的内容和元素，才能在紧急状况下运用自如。

在本书的第一部分，我提出"一句完美的发言"所必需的五个条件，第一个是"内容"，剩下的四个则是关于说话技巧的。

第一，内容，说得更准确一点就是contents。在做一句发言的时候，需要才智和技巧，也需要卓越的能力。但是这些东西都需要一个前提，那便是"内容"。只有在内容充实的情况下，那些卓越的能力和才干才能够发光发彩。或者即便没有那些技巧，只要内容好的话，同样可以成就一番"完美的发言"。可以说，只有内容好，才是真正的完美发言。

不要总是抱怨自己没有口才。我并不期待各位都是口才好的人，因为天生就具备好口才的人也不会阅读本书。如果拥有卓越的口才，那他一定是一个"得到祝福的人"。但是那样的人又会有多少呢？大部分人还是属于普通的"说得过去"的范畴而已。

某位教授的著名演说

（在庆熙大学求学的时候）某一个学期的第一堂课。讲授金融经济的老师一开始讲课，我就发现他有轻度的口吃。我本以为整个学期都会在无聊枯燥的课堂中度过，但是上课还不到十分钟，我便消除了这种担心，因为这是非常精彩的一堂课，教授举了很多正确而饶有趣味的事例，在这样的课程当中我也开始活跃起来，甚至感觉老师口吃的部分是不太重要的，讲得流畅的都是重点。

——摘自具本亨《雇佣真实的自己》

其实，各位不要太在意自己目前的演讲水平，因为必须承认它是不能改变的前提。只要在日常对话中没有障碍，拥有这样的口才就满足了吧。而这本书的目的是如何在这样的基础上，来完成"完美的一句发言"的目标。方法总比问题多，多下点功夫，总能提高自己的演讲水平。

正如前面所说，"一句完美的话"不能仅仅依靠各种技巧。没有愚蠢的观众，观众的感叹和掌声是对演讲的总体性评价，是很多要素组合在一起打动了观众的心灵，要充分认识这一点。就是基于这样的理由，我才说即便没有卓越的说话技巧的人，也可能成就一番"完美的发言"。如果不具备完美的口才，你也可以在其他方面追求卓越啊。

前面介绍了我的许多真实事例，这并不是因为我的演说多了不起或是多么模范。通过这些实例，相信大家已经明白，我是依靠利用现场气氛、急中生智等方法引发观众的感叹和爆笑的。只要活用到那种程度，就可以在日常生活中把握好发言的机会了。

但是，我并不是只依靠这些小把戏或技巧来说话的人。虽然我一直努力地掌握那些才能和技巧，但是比起这些，我在充实内容方面也下了一番苦功夫。为了丰富话语的内容而记笔记和话语片段，这个习惯我已经保持了三十年。三十年！三年的时间，私塾的看门狗都能吟诗作对，教堂的流浪狗也能祈福了。而我把十倍的时间都献给了"话语"。我相信现在的自己和三十年前比起来，在说话内容方面一定有很大的不同。

口才和内容并不是两个完全不同的领域。如果知道的多（内容），那口才也会自然而然地发挥出来，这便是"内功"。（虽然有时候学富五车的人也不一定会说话，当然这时候就要考虑说话的要领了。）我自己也仍然在感叹口才不好，总是为了"能不能再好一点"而不断学习，至今也一直努力着。因为我们生活在一个专业性很强的时代。

一旦选定好演讲的主题，我就会开始选择适当的材料和内容，然后确定论点，寻找更好的表现方法，为演讲做好充分的准备。

遇到即席演讲的情况，我会在当场迅速转动头脑并立刻制订计划。观众一定会认为那是即席演讲，但是对我来说却是彻底准备好的表演式的即席演说。先天条件上有不足，就需要用努力来弥补。

如果是比较长时间的演讲，那就要做更加细致的准备。要考虑观众的水平，选择一些众人都很容易理解的词汇，理论的阐述、事件的描述、表现方法等也要平易近人，而且还要发挥最大的原创性制作讲演稿。因为成败就取决于内容。

即便做了这样细致的准备，在实际演讲的时候头脑还是会混乱。要计划好，想象着在观众集聚一堂的地方要以怎样的气氛开场。要分析观众想要听到什么内容之后进行内容的取舍和选择，想象一下自己说出这句话之后观众会有什么样的反应。

要构想一下在哪一部分利用什么话语让观众发笑，在哪一部分能感动观众，依靠这些创意的表现方法。试着依靠这些想象彩排自己的演讲发言。

然而，即使做到了这些也会有失败的情况，也会出现观众反应不妙的时候。这时，回家后你是不是会辗转难眠，会一直想着丢脸和郁闷，心中不断自责"我的能力难道就不过如此吗"？你也不会回头去分析当天的演讲到底失败到什么程度，或是成功到什么程度，只是埋头睡觉。但是我会反复咀嚼并分析到底是内容方面出了问题，还是说话技巧出了问题。反省再反省，然后再努力改正。

并不只有我一个人这样做。专业人士全都是这样，不断重复这个过程从而积累内功。那些业余选手只看到演说家头上的光芒，不知道他们为了达到今天的程度付出了多么大的努力。因此，你总是会羡慕地说："口才真好啊。"

如果各位也想做到"一句完美的发言"，那需要付出特别大的努力。计划、练习，再加上反省，在反复的过程中不断积累内功。第一步，比起任何技巧，都要从丰富内容开始。如果没有内容作为基础，再好的说话技巧也不过是"说着玩儿"而已。

我总是搜集实际所用的十倍或一百倍的情报。

——摘自《20世纪的内幕》

● **从制作资料文件夹做起**

几年前和一个特别谈得来的人去KTV。轮到他唱歌的时候他竟然特别庄重地从口袋里拿出一本手册。

看我十分好奇，他就给我看了看那手册。手册里面密密麻麻地记录了一百多首流行歌曲和一些歌词。

"我掌握了一百多首流行歌曲。在最新出的歌曲里面如果有合意的我就记录好，并删除一首旧歌曲。"

太让我惊讶了！

虽然世界之大，无奇不有，但竟然还有这样记录歌曲的人。如果想在这竞争惨烈的时代有所作为，我觉得应该要学习一下这个人的精神。更何况是那些希望"一句完美发言"的人，就更要学习这种精神了，一定要积累好自己的说话材料。

想要做到"一句完美的发言"，首先要做的是从今天开始在各位的电脑里建立一个资料库。然后，在口袋和手提包中放好手册。

没有资料哪来的精彩演讲？唉，这真是异想天开啊！用没有内容的空话就想打动对方？那是万万不可能的事情。

一定要摒弃一句话是从嘴里冒出来的这种错觉，要知道这是出自"资料"。只有资料充足，才能在不知不觉中表现好自己的内功；只有平时养成积累资料的习惯，才能在适当的时候表现出超出常人的词汇构思能力。这样才可以让观众发自内心地感叹。

如果在电脑中建立了资料库，手册也准备好了的话，就要及时录入并且做好相关记录。如果觉得资料管理很困难，那就奉劝各位首先将其分为三个部分。最初，我也因为贪欲作祟，分了很多部分，但是因为这样的贪心导致很难进行记忆。资料的收集和管理还是简单一点好。所以建议各位分为三个部分：第一，与公司业务相关的资料库；第二，一般的资料库；第三，幽默资料库。

当然如果各位感兴趣的范围很广，对资料管理很在行的话，多建立几个资料库那就更好了。

　　既然资料库已经建立好，从现在开始就可以收集资料了。新闻、报纸、单行本就不用说了，网上找到的好的资料也可以。要怀着"这些都能派上用场"的想法进行收集。"神奇"、"有趣"、"独特"等能够引起各位注意的资料，都收集起来比较好。最后到底能不能用得上，那就到时候视情况再做取舍。

　　虽然现在还不知道那些资料会在何时何地能用上，但只要试着去收集就会发现关联性，请务必相信我的话。如果觉得没有必要而将资料丢弃，最后一定会因为那被"丢弃"的资料真的能派上用场而后悔，一旦丢弃就会发现用途。你说这不是倒霉吗？这样的经验并不是只有我自己才有，所有人都是如此。所以，首先收集丰富的资料很重要，丢弃的资料到最后总还是有一些用途的。

　　　好了！各位的电脑中已经建立资料库了吗？口袋或者手提包里装入手册了吗？之后找资料，并进行记录了吗？进行彻底的管理了吗？这并不仅是为了做好演讲，而是作为一个会生活的人的最基本的生活态度。

● 在日常生活中进行话题管理

　　女教授L，是一位数学老师。有一天，她参加了教会的"修炼会"。开始之后主持人让话筒在每个人手中传递，进行自我介绍和才艺展示。在场的几乎都是中年妇女，让人目瞪口呆的内容和笑话该有多少啊。在那种场合下，能出现许多生动有趣的话题。于是，L教授悄悄地拿出手册将那些有趣的话——仔细记录下来。

　　听说L教授的手提包里有两个手册。一个是在现场采集的一些幽默素材和故事，即席记录；另一个是将那些资料变为自己的宝典，可以多样地活用。不难想象，她的课堂肯定充满了欢声笑语。

专业人士都会那样做。

在进行演讲时，最令人困惑的便是资料的贫乏和实力的不足。话题素材依靠平时资料的积累，将其变为实例记住，如果做不到这些，当然会产生这样的困惑了。

但是如果将许多日常生活中的琐事当成话题，会变成一种自己编造的理论。假如口才和表达已经很娴熟，即便可以在给定的时间内让观众聚精会神地听你演讲，那也不要先松口气。观众会马上辨别出发言人的"内功"。即使观众在笑，那也未必表示他们很开心。嘲笑也是笑，失笑也是笑。如果是不以内容作为基础的演讲，是不能调动观众情绪的，结果只能是以失败收场。

那么，发言的素材应该从哪里获得呢？看看你的左右吧，满大街都是话题和素材，看一眼晨报也能够发现几条不错的素材，仔细听听出租车中的广播，多少总会获得一些素材的。如果各位也是充满好奇心与热情的人，那就不要闲着不动，现在立刻找张报纸读一读吧。你会发现我的话是千真万确的。过去只是因为没有留心，很多新鲜事儿都没有进入我们的视线、没有仔细去倾听而已。

资料要依靠平时的关注和刻苦来收集。即便没有发言机会，那也要准备手册、建立资料库，认真地进行记录，以备不时之需。

没有演讲发言的机会，还要收集资料？我并不是说大家只要收集"演讲材料"。无论是和各位的工作和业务相关的，还是和家庭生活相关的，带着关注和好奇心，尽情去收集资料吧。

平时做好资料收集和管理，最重要的原因不单单只是为了做好优秀的演讲。即使目前在社会和公司的地位不高，也没有多少发言的机会，但如果形成了这种良好的习惯，随着时间的流逝，会慢慢变成深厚的"内功"，并在公司业务和社会生活中很自然地流露出来，于是便在"决定性的一刻"中发挥出关键作用。如果这样做提升了你们的自身价值，在各位真的遇到需要进行演讲的时刻，这些资料总是会派上用场的。

关键是用什么来完成这漂亮的一句话　**02**

不是用"大脑"，而是用"手"和"脚"：资料的收集和整理

● 明确目标：怎样搜集？搜集什么？

在资料收集时一定要明确目标，盲目地收集资料是坚持不了多久的，漫无目的地行走很容易让人疲惫，而且会随便找一个地方停住脚步。相反，如果目标明确，就会感觉世间万物都在配合着你的目标。这是生活的道理，演讲的资料收集也不例外。

"为了做好演讲的资料收集"，千万记住不要定模糊的目标，要明确哪个领域的资料。根据个人业务和兴趣所在，你可以轻松进行判断。首先决定要说的主题，然后围绕主题寻找符合它的材料。做到以上几点，你就会发现和演讲主题有关的许多素材，带着目标和关心时刻留意周围事物的话，就会发现那些平日里看起来和演讲主题毫无关联的事情之间其实存在着很微妙的联系。

现在，让我们当场试验一下吧。不管什么主题都可以，关于"领导力"、

"男女性别差异"的主题。只要确定了主题并关注它的话，和同事间的谈话自不必说，从新闻和广告中也可以获得十分宝贵的资料，甚至在高速公路的公共卫生间内也可以获得你感兴趣的资料。

确定主题之后，树立与该主题相关资料的搜集目标，这是资料收集的第一要领。

　　进行重要演讲的时候，要在心中反复检验自己的那些论点，并将其融入到自己的生活中。长时间这样做的结果是：走在街上时，阅读报纸时，入睡时，清晨早起时，你一定会感到惊讶，因为跟自己的主题密切相关的事例和灵感会源源不断地涌现在你的脑海当中。

——诺曼·托马斯（政治家、演说家）

● 读，多读

想要获取好的资料，就要多读。"知识就是力量"，想要变得知识渊博，最好的途径便是"读书"。

当然，最好的材料是依靠多方面的经验或自身的独特体验获得的。但是在绝大多数情况下，我们所能体验的范围被限定得很窄。虽然听讲座获取他人的经验之谈可以成为很好的素材，但是将那些话用在自己身上的机会也是有限的。

无论是直接经验还是间接经验，从经验之中获得的材料数量是很有限的，而且在质量上面不够充分的情况也很多。所以说要想跨越过从量变到质变的那堵墙，想要获得广博的知识，就要最大限度地扩大读书量。

从专业书籍到人文修养，从周刊到新闻，可以接触到的都要全部通读。专著也好，纪实小说也罢，为了写好一篇文章付出心血，将自己拥有的知识和经验中最精华的部分挑选出来，通读他人的著作也好，记事也罢，那些辛苦整理出来的点点滴滴和经验会在悄然之间有着莫大的意义。

专门讲师中有"一日一读"，即每天都读一本书。即便达不到那种程度，但还是要尽可能地多读书，那样才能够让"一句完美的发言"成为自己的名片。绝对要扩大读书量，这是发掘资料的第二个要领。

● 多听多看

除了从书籍和新闻中获取演讲的材料外，获得情报的窗口应该是多种多样的。如今是讲速度和效率的时代，因此要将最新的情报获取之后活用在演讲当中。要获取"最新出炉"的情报，获得更加广泛的资料，那就要学会利用好各种各样的媒体。

诸如电视一类的节目就不用说了，网络、电影、话剧、音乐会等，通过可以接触到的所有的媒体和机会获取资料是很重要的；并且在旅行中通过脚的行走来获取资料，这种努力也是很有必要的。

想要成就著名的演说，就要多加入一些事件、分析、阐述等，对事物和现象的解读也必须独特。为了达到这个目的，必须搜集一般人接触不到的特别的资料。

多看、多听、多体验，这是完成卓越演讲的资料收集的第一个重点。

● 多动手创造附加价值：笔记和话语片段

如果为了完成"一句完美的发言"，你已经足够地多听、多看和多体验了，那么让我们进入下一个阶段吧。如果只是依靠多读、多听和多体验就宣告结束，那么一切都会泡汤的。

单纯的读书行为就好像在业余时间下围棋一样，只不过是一种消耗智力的行为。单纯地看、听和体验或许可以帮助经验的累积，但是将其本身变成演讲的素材和资料是很困难的。剩下的只是一些没有什么用处的经验，其结果就是浪费金钱和时间。

如果想要让以图书为首的各种形态的经验带来更多的附加价值，让其成为你智慧的一部分，那么将那些东西变为"资料"的彻底记录和话语片段的管理行为就很有必要了。（这本书中提到的"笔记"和"话语片段"不仅是指传统地利用笔纸进行记录，也包括了利用电脑等高科技手段的资料存储和管理。）

如今是信息泛滥的时代。如果只是将那些猛烈扑来的情报信息在耳朵和眼前一闪而过的话，那是不能带来任何帮助的，这不是简简单单地给小孩子讲故事将就着解解闷就完了的事情。因此，你的话题必须是具体的，资料必须是正确的。

即便是很用心地看完了一本书，但是只要过了一天，书中主人公的名字还是会变得模糊；即便参观了很多名胜古迹，只要经过了几天也会记不住地名；即便看了一部感人至深的电影，过不了几天也只能记住大概的剧情，那么更不要说是统计数据和长长的外国人名和地名了。

所以说，如果各位想要将自己所见所闻和所体会的东西传达给大家，将其变为智力资产的话，就不能仅仅依靠"记忆"，而要依靠笔记及日常收集的碎片等记录手段。

"养成记笔记和广泛收集的习惯，这要比在哈佛大学拿文凭更加受用"，斯言妙哉！

关键是用什么来完成这漂亮的一句话　　**03**

学习历史上最棒的
演说

　　如果有人问我如何能做到"一句完美的发言"，那我会首先向他推荐林肯总统的《葛底斯堡演说》。这个演说虽然是即席演讲，但林肯之前却做了精确的计算和各种准备。

　　或许你们会认为这历史性的伟大演说一定会特别地庄重和冗长，但是实际上，这个著名演讲的时长却不超过三分钟，也就是"三分钟演讲"。原文总计二百六十六个单词（另一说是二百七十二个单词）。但林肯的这次简短的演讲却没有因为简短而被排除在"一句完美的发言"之外，反而被选为演讲史上最为精彩的演说之一。为什么呢？因为有趣？因为使用了幽默？好像并不全是这样。

　　是因为"内容"，这个演讲才获得了如此高的评价。

　　虽然简短，但十分精彩。这是希望完成"一句完美的发言"的我们不得不看的一次经典演说。

　　1863年11月19日，在美国南北战争期间，林肯总统访问了战争转折点——

宾夕法尼亚州的葛底斯堡，参加了在那里的国立公墓举行的纪念战争牺牲者的默哀仪式并发表了演讲。让我们试想一下当时的情况，最好用一种仿佛是身临其境的心情来阅读下面的文字吧。

真实案例——历史上最伟大的三分钟：葛底斯堡演讲

八十七年以前，我们的先辈在这大陆上建立了一个国家，它孕育于自由，并且献身给一种理念，即所有人都是生来平等的。

当前，我们正在从事一场伟大的内战以考验这个国家，或者任何一个有这种主张和这种信仰的国家能否长久存在。我们在那次战争的一个伟大的战场上集会。我们来到这里，奉献那个战场上的一部分土地，作为在此地为那个国家的生存而牺牲了自己生命的人的永久眠息之所。我们这样做，是十分合情合理的。

但是，从更广泛的意义上来说，我们是无从奉献这片土地的——无从使它成为圣地——也不能把它变为人们的景仰之所。那些在这里战斗的勇士，活着的和死去的，已使这块土地神圣化了，远非我们的微薄能力所能增减的。世人会不大注意，更不会长久记得我们在此地所说的话，然而他们将永远忘不了这些人在这里所做的事。相反，我们活着的人应该献身于那些曾在此作战的人们所英勇推动而尚未完成的工作。我们应该在此献身于我们面前所留存的伟大工作——由于他们的光荣牺牲，我们要更坚定地致力于他们为之奉献了最后全部的那个事业——我们在此立志宣誓，不能让他们白白牺牲——要使这个国家在上帝的庇佑下，得到新生的自由——要使那国民的、依靠国民的、为了国民的政府不致从地球上消失。

这个演讲真的特别简短。仪式的主持是当时最伟大的雄辩家爱德华·艾弗莱特，在他进行了足足两小时的演说之后，林肯上台做了这样一番演说。由于是没有预想到的简短演说，甚至照相的人都没有时间照相。人们只能记住"要使那民有、民治、民享的政府不致从地球上消失"这个结尾。

之后爱德华·艾弗莱特评价和赞叹道："我做了两个小时的演说，他只要三分钟就完成了，核心内容全部表达出来了。这毫无疑问是一次著名的演说。"

● 传达信息要明确，这样才能成就名演说

林肯的演讲能成为著名演说的原因是什么呢？我觉得这篇演讲把该包括的内容都容纳进去了，并且还很简短，没有一点累赘，非常简洁，但是提到了美国政府的名分、南北战争的意义、自由的价值、民主政府的原则，等等。虽然由很简单的词语构成，但是有强烈的感染力。

想要传达的信息是那样地明确。看演说中最常使用的核心词汇就可以知道了。原文中"dedication（奉献）"这样一个核心词汇以名词、动词、形容词等形态使用了六次，作为关联词devotion（献身）也使用了两次，所以说林肯总统想要传达的信息是什么就很突出地体现出来了。

为了这一次历史性的伟大演说，林肯到底准备了多长时间呢？根据一些资料的记载，这个演讲是林肯总统去往葛底斯堡的途中，在火车上写在信封背面完成的；但是那并不是事实，而是"传说"。如果是即席演讲，怎么可能有那样精确的语言和细致的构思呢？即便是天才，也不可能做到。

根据林肯最信任的记者Noah Brooks（诺亚·布鲁克斯）所说，在仪式前"演讲稿的草案虽然已经制作，但是迟迟未完成"。也就是说为了葛底斯堡的演讲，林肯一定是下了很大功夫。根据林肯的性格，演讲稿要求有完美的行文、恰当的词汇选择和修辞手法。综合这些方面来看，这篇演说并不是什么灵感突现的作品，而是经过了相当长时间的缜密构思和诚意而完成的。

因为这样，林肯的伟大演说才会经常出现在历史舞台上很多重要场合。人

权运动家马丁·路德·金在1963年华盛顿林肯纪念馆门前做了《我有一个梦想》（*I have a dream*）的著名演讲，那演说的最开头便是"一百年前，一位伟大的美国人……"，提到了林肯总统。还有1958年制定法国宪法时"国民、依靠国民、为了国民的政府"被指定为共和国设立的原则，奥巴马在2008年1月当选美国总统之后说"我要证明国民的、依靠国民的、为了国民的政府是存在的"，从而获得了巨大的掌声和赞叹。

不仅如此，我们国家的普通人也将林肯的语录做一变形，说成"妻子的、依靠妻子的、为了妻子的家庭"等幽默形式。

即使很简短，却也包含了所有想要传达的信息，从这一点说，想要学习演讲的人可以从葛底斯堡演讲当中吸取很多的经验。

构思简短演说的时候，典型模板是"三分钟演讲"。一提起三分钟，人们总是有不用准备、即席简单说上几句就可以了的倾向。有这想法是大错特错的，将三分钟演讲作为演讲基础的原因，是因为三分钟已经足够把你将要表达的都能表达清楚。三分钟已经可以将说话技巧和能力充分展现得很"长"一段时间了。所以说，想要做到一句完美发言的人，平时就要多加练习三分钟演讲。

好口才来自于
流畅的文笔

即席演讲总是在没有任何预告的状况下进行。所以说根据具体状况，自然一点进行就可以了。即使有不足的部分或是在表现方法上有瑕疵，观众在一定程度上还是可以理解的。

但是在重要的场合中进行已经准备好的演讲的时候，那就完全不同了。即便应用即席演讲的形式，也是不允许有失误。甚至有时候要照着演讲稿直接演说，演讲内容也会被直接记录下来，所以不得不准备得完美无缺。如果稍有不慎，哪怕只是一个小小的失误，都有可能带来很严重的后果。

相信大家都知道金美景老师，她是一位在电视演讲中博得人们很多笑声的著名讲师。如果收看了她在李承汉会长的出版纪念会时的发言，我们就可以知道所谓的"即席演讲"并非像字面所说的那样"即席"。

她虽然是所有人都公认的专业讲师，但是为了五分钟的贺词仍然准备了近一周的时间。在车里，她也不断记录、翻看关键词，并修改了好多遍。然后在仪式当日她好像真的是即席演讲一样做了一次完美的发言，并受到全体嘉宾起立鼓掌的好评。

专业人士总是那样做。如果你是业余人士，连写演讲稿的痛苦都不曾经历，就想完成一次"一句完美的发言"的话，简直就是"痴人说梦"。

即席演讲也并不是指"才智演讲"。如果只关注语言形式的话，就会陷入极大的误区。

如果你真的想要做到"一句完美的发言"的话，就要多依靠"写"。

● 完美发言，取决于原稿

美国第一位黑人总统奥巴马，被誉为美国历史上继林肯和肯尼迪总统之后最优秀的演说家。甚至可以说，他的成功神话与出众的口才是密不可分的。他在2006年出版的自传《大胆的希望》中确实向世人展现了自己独特的雄辩才能。即便是这样，奥巴马总统也要依靠准备好的原稿实现演说，他只是拥有别人察觉不到的出色的演技能力而已。因此可以说，他的著名演说是卓越的演讲稿和演技能力的完美结合。

奥巴马的演说秘诀

能彻底征服观众的演说家奥巴马总统，他的秘诀到底是什么呢？

第一，简洁。重复一些大众耳熟能详、朗朗上口的口号或是文章。最具代表性的便是"Yes, We can"（我们可以做到）。这和著名演说家马丁·路德·金的演说中强调的"I have a dream"使用了同样的技法。奥巴马通过反复强调"Yes, We can"来激发美国民众的自尊心和自信心。

第二，使用简单平凡的词汇。使用类似"change（变化）"的日常词汇，从而形成超级大国总统的"word power（词汇的力量）"，这便是奥巴马演说的特点。

第三，并不是用绚丽的语言来传达自己的主张，而是通过加入可以感动大众的"episode（有趣的事件）"来传达自己的想法。奥巴马引用了一百零六岁的黑人老奶奶的人生故事来感动观众，便是这一方法的例证。

第四，卓越的表现方法。因为具备了特有的节奏感，所以说话如同唱歌一样要具有强弱、高低、快慢等彼此相呼应的韵律感。不仅如此，再加上添加了适当的手势，更能把观众引入演讲当中。

第五，内容好。这当然应该是演说成功的第一要素。虽然采用了平凡而简单的词汇和简单的表现技巧，但是因为演说内容本身很优秀，因此也可以成为一场著名演说。

既然已经提到了"演技"这个词，那就不妨再多说几句。身为总统，不能只具备照演讲稿朗诵的表演技巧，更应该表现出演讲稿就是自己写的。这样才能更加提升自己的魅力。

"不要总是问祖国可以为你做些什么，而要问问你可以为祖国做些什么。"这是肯尼迪总统任职时所讲的一句名言。这到底是谁的作品呢？

1961年，在就职前的第四天，肯尼迪坐在从佛罗里达飞往华盛顿的飞机里写着什么东西。面对随行记者的提问，肯尼迪回答道："在写'就职演说词'。"在飞机着陆之前，记者看见肯尼迪总统手中拿着九张演说稿，于是第二天便报道了"肯尼迪总统在写就任演讲稿"的新闻。但是在四十四年之后的《肯尼迪就职演说词面世记》道出了真相。那时候肯尼迪手中的就职演说词是演讲撰稿人泰德·索伦（Ted Sorensen）写的初稿。他也是奥巴马总统在进行民主党候选人演说时的撰稿人。

其结果是，奥巴马也好，肯尼迪也罢，都被誉为"演讲鬼才"。但是他们的确拥有过人的演讲口才，这是不争的事实。

一国的大总统，再加上是超级大国的领袖，是不可以随便即兴演说的。因为说错某一句话或是一个单词，就有可能引来什么风波，而演讲的内容更不用多说了。

不仅仅是总统，公司的CEO在众多职工面前进行演讲的时候也会面临同样的问题，一般人在庆典中发言也是需要经过缜密而周到的考虑后才能定稿。即便不是照原稿朗读的人，想要完成完美的发言，也必须从写文章开始做起，这样才有可能成就完美的一句话。

想要用一句话感动观众的人，或是想通过演讲让他人对自己刮目相看的人，首先要写好自己的演说稿。

● 出自我手的才是最好的演讲稿

就任CEO或是企业高层的人，将演讲稿交给秘书完成的情况还是相当普遍的。但是原则上讲，还是应该自己动手写。这样一来，完成一次精彩演讲的可能性就大大提高了。照着念其他人写的演讲稿，是很难感动他人的。因为，其他人几乎不可能竭尽全力和诚心诚意地来完成演讲稿，而且你自己也不可能倾尽所有的诚意，向观众传达他人写的演讲稿中想要表达的内容。

众所周知，"啊"和"呀"也是不一样的，很小的差异也会决定观众的反应，所以演讲稿还是自己亲手写的比较好。

想要真正实现"一句完美的发言"，必须通过文字来表现语言，务必要亲自动手写一下。如果只是想要精彩的演讲，而又不愿自己动手写，那你永远不可能进步！

一提起写作，很多人便有畏难情绪。但是从结论上来讲，"把想要说的写出来便是演讲稿"。如果不相信这么简单的道理，将文章和话语当成不同的东西就会出问题。想要写出一篇优美的文章或是一首诗歌，但是发现文笔不够好。于是，干脆不把精力放在写作上面。这样本末倒置就更加不可能有进步了。

演讲稿不是让你写文章，而是让你把想说的话写出来，一定要铭记这一点。并不是让你创作文学作品，所以比你想象的要轻松得多。

怎样写呢？不要害怕，先把笔提起来，就像说话一样写出来。

如果我遇到需要演讲的情况，我一定要自己写稿子，即便是熬夜也要自己完成演讲稿。交给别人写，他真的可以拿出让你十分满意的演讲稿吗？如果不是以写演讲稿为职业的人，其他人很难完成这个任务，因为让别人完全恰当地表现出我的想法是很困难的。正是深知这一点，所以我总是自己撰稿。我在演讲方面是精益求精的。因为切身体会到了"一句完美的发言"能够带来多大的反响，所以总是坚持自己写稿。

再加上我知道专业的演讲撰稿人的压力有多么大，因此也不会将这种痛苦转嫁到别人头上。以前我为许多长辈写过演讲稿。代替他人写演讲稿真的是一件很辛苦的事情，比起给自己写演讲稿要辛苦好几倍，因为总是要揣摩那个演讲人的想法。

"用这个主题，写一个两千字左右的演讲稿。"

"写一个在这种活动庆典上能发言五分钟的演讲稿。"

发号施令的上司说起来很简单，但是要执行命令的人，心情顿时跌落至痛苦的深渊，这时的压力是难以名状的。付出心血写出的草稿交给上司之后还要改来改去。虽然也有提供详细措辞的人，但是在一般情况下，他也只是为撰稿人制订讲稿的大纲而已。

举个例子，上司经常会这样说："这里再多添加一些具体、生动的例子。"那时候真是让人崩溃。说得简单，"再具体、再生动一点的例子"要去哪里找呢？知道的话早就写进去了。更加痛苦的是，让加进去幽默素材的时候，讲幽默的方式因人而异，而把幽默素材写进演讲稿中，这事情本身就是最大的幽默。因为我深知那样的痛苦，所以不会将演讲稿交给他人代写。

我深知只有自己完成的演讲稿，才能把感情如实地传达给观众，从而成就一场"完美的发言"。""一句完美的发言"和"一句随便的发言"其实只有些许的不同，但就是这小小的差异带动着观众的心。也正是因为知道这个差异，所以再苦再累我也要亲自撰写演讲稿。

　　确定一个主题后，进行一次一分钟的演讲吧。将它录下来后再还原成文字，这样你就会发现自己的演讲是多么不合逻辑并且生硬了。真正优秀的演讲，即使被写成文字之后也不会出现任何瑕疵。

● 真诚！ 意志！ 自信！

　　我承认我是一个受益于语言和文字的人。在我的职场生涯中，有相当长的一段时间是在农协里供职。但是真正被各方所认识和熟悉，还是因为写书和演讲。我在农协工作时，总是有很多机会要到首尔去，其原因也是因为出书和演讲。

　　我刚到农协工作的时候写过《请招待好你的客人》这样一本书。也是机缘巧合，总裁读过这本书后就邀请我到首尔的农协总部给全体职员讲课。1984年5月2日，我给包括董事长在内的总部一千多名职员讲了近五十分钟。通过那天的演讲，我开始在首尔出名了。也可以说，就是那次演讲改变了我的人生。

　　此后不久，为参加农协总部的大型活动的国会常任委员长写演讲稿成了我的任务，并受到"写得真好啊"这样一种肯定。我在竞争中获胜，成为会长专用的讲稿撰稿人，这也就意味着我抓住了晋升的大好机会。

　　从我的事例当中，各位也可以学习到一些东西：我是怎样利用写讲稿的机会来了一个人生的大逆转。在职场生活中，各位也会碰到上司命令你撰写各种演讲稿的事情吧。这时应该怎么办呢？是要倾尽全力去完成，还是马马虎虎对付就可以了？

　　虽然连对方长什么样都不知道，但是我仍然为撰写常任委员长的演讲稿下了很大的功夫。虽然也可以把这想成是和我自身业务毫无关系的指示，存有

"交差就可以"的想法随便写写就行了，也可以把过去的演讲稿翻出来拼凑一下，那样就可以很简单地解决这个看似很麻烦的任务了，但是我并没有那样做。既然是必须要做的事情，那就要尽全力写出好的演讲稿。我在心里下定决心，一定要写出一篇超级精彩的演讲稿。

首先从搜集资料着手，因为没有资料是不可能写出好的演讲稿的。我先了解了活动的性质是什么，也大致了解了包括会长在内的其他人都会讲到什么内容。如果演讲稿中出现和他人冲突或者重复的地方，会很不好。

然后又调查了过去相同性质的活动当中，其他人的演讲和发言都是些什么内容。这一次的活动当中必须要说出的主题或内容是什么，就这样，我搜集了特别多有关本次演讲稿的资料。

确认已经将资料搜集充分之后，我便开始动手撰写。把稿纸放在面前，闭上眼睛，脑子里开始想象我并不是坐在桌子前面写稿子，而是在脑海里勾画一幅常务委员长站在众人面前讲话的场景。心里想着，不能向观众说出那些辞藻华丽的句子，而是要做出一次可以感动人心的演讲。于是我换位思考，站在和演讲人相对立的观众的角度想了想。

身为国会议员应该十分了解当前农村的生活，所以将那些农民可以切身体会和引起他们共鸣的内容添加到了演讲稿当中。要无条件地为农民着想，也提出了一些他们需要反省的地方。

同时，深刻地指出了农协中存在的各种问题，对于政府的农业政策也做了全新的评价。加入了许多虽然简洁但是可以震撼人心的充满激情的表达方式，也添加了许多实际事例和统计数字，还有一些名人的语录。

就这样，一开始还毫无头绪的演讲稿，现在开始如行云流水一般写了下去。第二天晚上，再重新大声念出演讲稿，看看其中的用词或者句子是否恰当，也检查了一下文中的字词发音是否容易，文章长度是否合适，停顿是否恰当，把一些不满意的字词在进行演说练习时删除了。我时刻提醒自己是在写演说稿而不是在写书。

怎么样？到这个程度应该毫不谦虚地说这是一篇能成就"一句完美发言"

的演讲稿了吧。如果做到这种程度的努力，还不够优秀的话，反而是件奇怪的事情了。如果各位也遇到要撰写演讲稿的情况，像我这样做就可以了。相信各位也一定会写出更加优秀的稿子。

天下无难事，只怕有心人！问题是要有决心和意志，对自己要有信心。只要具备这些，相信各位也可以写出完美的演讲稿。

● 百发百中！写出让所有人叹服的演讲稿的方法

我还要再次强调，写演讲稿并不是在进行文学创作，只是将想说的话写出来而已。在现场即兴说出来的话有可能存在一些瑕疵，所以事先做好准备是必须的。不要把它想得太难，直接按自己的思路写下来即可。时间久了多修改几遍，自然而然会成为好文章。如果没有写作的天赋就要一直努力下去，这样你的"成功率"就会提高很多。

下面的写作要领是我经历多次的经验后获得的秘诀，大家只要直接运用到实际当中就可以写出满意的演讲稿。

构思

★ 首先，想象一下观众和演讲场所的气氛。要在头脑中勾画出要向什么样的人讲，在什么样的地方讲。

★ 场景想象之后，就要对演讲稿进行大概的构思，也就是设计自己的演讲稿。要以什么样的话开头，要包含哪些信息，要向观众传达什么核心内容，要通过什么事例来展开，理论阐释要怎样进行，怎样收尾，等等。

先下笔再说

★ 如果大纲构思好了，就要进入撰写演讲稿的阶段了。在头脑中怎样规划、勾勒都是没有用的，必须落到实处。请大家开始动笔写吧。不要害怕写不好，先从"各位好"开始写，因为"好的开始是成功的一半"。

按照想法写下去，不要打断思路

★ 打草稿的时候先不要理会文脉是否流畅，只要像说话一样将所想的东西写出来就可以了。开始不要以写出完美的文章为目标，从一定要写出色的演讲稿的"强迫症"中走出来。

★ 在大脑中构思，轻声念出来再斟酌一下，千万不要中断。但是，如果实在没有思路，写不下去的时候，不要勉强自己，先放一放，休息一下再说。

最大限度地引用各种实例

★ 如果觉得写文章很吃力，那就多引用一些事例和其他资料。如同"烹饪水平不高，但食材一定要用好的"是同样的道理。

★ 将抽象的理论写成文章是很困难，但是把故事写成文章就很容易。

文章要简洁易懂

★ 像写故事一样简单就可以。我们是在写演讲稿，而不是为了获得"诺贝尔文学奖"或其他文学大奖。所以尽量不要用文言文，要通俗易懂。

★ 要"清淡"，没必要炫耀技巧或冒出很难懂的句子。如广告中"Simple is best（简单是最好的）"这样一句话，在写文章的时候也要"Simple is best"才对。

★ 写演讲稿的目的是用语言来表达其中的意思，因此一定要简短，要写成一口气就能读出来的句子。"Simple is best"的同时"Short is best（简短是最好的）"。如果你写的句子很长，就把它分成两三句来说。

要检查原稿

★ 如果初稿基本定型，就认真检查一遍吧。看看是否符合本活动的主题，检查有没有遗漏的内容，如果有，及时补充进去。

★　过犹不及！要懂得满足。如果想写出更出色的演讲稿，只要在初稿完成后，再仔细检查、推敲就可以了。

还没有结束，仔细检查再检查

★　如果初稿完成了，最好再仔细反复地推敲一下。因为，现在才是真正撰写演讲稿的时间。当然，在修改的时候，要将演讲稿大声地念出来。这种方法对于发现文章的别扭之处和错误是相当有效的。

★　只检查一两遍的文章是不会成为好文章的。要想象当日演说的场景，进行不断地检查和修改。即使演讲稿已经完成得差不多了，也要一有时间就再次仔细推敲，因为文章是越修改越完美。把已经写好的文章大声念出来，反复地检查和润色，这样你会有意想不到的收获。

★　最好不要出现重复的词汇，而那些发音拗口的语句也要用简单的句子来代替。

★　演讲稿应该具备适当的"气场"，检查一下有没有写得过于激烈，用淡淡的表达方式把那些激烈的情绪表达出来的才是高手。要像行云流水一样，不要刻意地雕饰。一定要配合你的呼吸，演讲时一定要抑扬顿挫，让观众体会到节奏和韵律。

★　如果希望演说内容更加完美和丰富，就要在适当的地方插入一些统计数字和名人语录，以及俗语和趣闻轶事等素材。

★　最后，检查一下是否超过了规定的演讲时间，如果太短或者太长，都要根据规定时间的要求来调节文章篇幅。

演讲稿终于完成了

★　经过上述的一系列过程，演讲稿的"成功率"会有大大的提高。如果时间允许的话，在进行正式演讲之前，有必要重新念一遍演讲稿，或许你还会发现需要修改的地方。做最终修订了吗？如果已经做了，我相信你的演讲稿已经接近完美了。

从总统的演说中学习

以下是2009年光复节总统的祝词。既然是总统的演讲稿，那应该算是最高水平的了。这篇演讲稿具备了"简单、通俗、易懂"等演讲稿的三大写作法则，所以我拿它来当范文。特别值得一提的是，这篇演讲稿特别简短，而且几乎没有关联词。

因为是想要介绍制作演讲稿的技巧，所以只引用了其中的一部分。请各位好好读一下，在制作演讲稿时不妨拿它做参考：

"（前略）尊敬的各位国民同胞们！

"今天站在这里，我要同各位共同回顾一下我们在历史长河中所创造的那些奇迹。

"1948年，韩国成为了世界大家庭的一员。

"当时，在世界这个大舞台上，我们只是一个小'点'。

"建国后不到两年，便发生了6·25战争，很多国家向我们伸出了援助之手。

"我们陷入了战争和贫困当中，世界人民都觉得我们很可怜。

"2009年，我们现在是在哪里呢？

"我们已经不是一小'点'，而是一条'波'了。

"我们制造的汽车和电子产品受到了世界人民的广泛好评。

"我们的中小企业制造的产品中，有四百多种被评为是世界一流。

"我们已经成为了很多国家都想结交的友好国家。

"已进入21世纪的今天，世界发生着巨大的变化。

"21世纪是地球村的时代。

"21世纪是自由的时代。

"21世纪是绿色环境的时代，

"是国家的具体利益和地球村的共同利益不可分割的时代。（下略）"

关键是用什么来完成这漂亮的一句话　05

需要在演说中加
"馅儿"

有一句话叫作"没有馅儿的干面包"。这里的"馅儿"是指放入面包中的红豆沙。"没有馅儿的干面包"像是平淡无味的馒头，这句话的意思是说面包的美味应该在"馅儿"上。吃面包的人应该通过馅儿来体会面包的各种味道。

不管演说的时间有多长，但是必须要有"馅儿"。要让观众通过演说来体会到某种东西。比如演讲的风格，要表达的核心信息、核心故事，等等。

举例来讲，林肯的葛底斯堡演讲当中如果没有了"国民的、依靠国民的、为了国民的政府"这样一句话将会怎样呢？或许它会成为很优秀的演说，但是不会成为人们耳熟能详的话题。既然人们在林肯的演说中只记住了"国民的、为了国民的、依靠国民的"这一部分，这就说明了这一部分才是葛底斯堡演说的"馅儿"，也就是精髓所在。

● 要说出一句可以让观众久久回味的话

2010年1月30日，我召开了新书首发式，而那时候距我参加地方选举还有四个月的时间。而很多参加地方长官竞选的人都把图书首发式作为宣传手段来使用，因此，一时间首发式邀请函铺天盖地而来，而站在选民的角度上讲，我觉得这种做法特别令人生厌。

在这种情况下，我准备竞选我们道的道知事，而且还召开了目的如此明确的新书首发式。对周围的人，我只能说声抱歉了。而在首发式上不仅不能发表政治性言论，而且除了一杯饮料之外也不能用其他的东西来款待来宾。因此，这无论对我还是对来宾来说，无疑是一件费力不讨好的事情。

那天，我做了一个非常简短的发言。其中有这样的内容：

"在百忙之中能抽出时间参加拙著的首发式，我真的是不胜感激，另一方面也觉得抱歉。说实话，在选举季节召开这样那样的出版纪念会真是非常的'扰民'。（爆笑）因此，我真诚地希望再也不召开这种出版纪念会了。（爆笑）"

作为首发式的作者，这个发言真是极具冲击力。因为作为作者和首发式的当事人却说这样的出版纪念会是"扰民"，还说出再也不要召开此种出版纪念会。

那天，在我的演说中能够留在人们脑海里、最有印象的便是这句话了。在首发结束后，很多人都说那句话很坦诚，并给人们留下了很深刻的印象。

为什么呢？是因为我十分了解观众的心理，说出了符合他们想法的话。试想一下，有几位观众是怀着愉快的心情来参加这次首发式的呢？大多数人都觉得这样的首发式很无聊，但又因面子问题而不得不参加，所以说把首发式说成"扰民"正好符合他们的心境。

然后"真诚地希望再也不召开这种出版纪念会了"，其弦外之音就是"希望这次大家一定要支持我当选"的意思。

正因为这句话的双重意思都被观众解读了，所以才会引发他们的爆笑。爆笑的意思也就是"是，好啊"。

那天演讲的"馅儿"便是这一部分。

莎士比亚曾说："观众会记住很多，但是能记对的没有一个。"演讲就是那样。相信各位至今为止也听过很多次的演说和发言吧，但是其中至今仍然有印象的还有多少呢？

如果演讲结束后还能在观众的脑海里留下一句能长时间记住的话，那便是"一句完美的发言"。而且，长时间后还能记忆犹新的几个部分便是核心信息，就是我上面说的"馅儿"。

不管是做即席发言还是有准备的演讲，要首先思考用怎样的表现方式来传达自己的核心信息。在各位的发言当中，一定要加入"馅儿"，有了味道十足的"馅儿"，演讲才会更加生动，也能够让观众久久回味。

● 在演讲当中加入核心信息的方法

"演讲超过了二十分钟就会让人感觉枯燥。无论在什么样的状况下，也不能超过二十分钟，而且也不要一次性说很多东西。观众在一次演讲当中最多只能接受三种信息。"这是美国总统的御用撰稿人泰德·索伦所说的话。

事实上，二十分钟其实也是太长了。因为二十分钟之内，不能只讲核心信息，而只为突出一两条核心信息，将其余百分之八十的时间用来包装核心信息，实在是不明智的做法。

泰德·索伦说，在一次演讲中观众最多只能接受三种信息。换句话说，在二十分钟内的演讲中，只包含三种信息就可以了。按照我的经验，五分钟的演讲中只要包含一种信息就足够了。

"馅儿"不是别的，就是"能引发感叹的要素"，是核心信息。要有完美的"馅儿"也并不意味着文章一定要华丽。只要能钻进观众的耳朵里，打动观众的心，能够在观众的大脑中留下深刻印象的语句，便是优秀的核心信息。想要做到这个，当然要考虑很多东西，要深入地思考加入什么内容、怎样表现，等等。

"馅儿"的形式是多种多样的，能以俗语和警句的形式出现，也能以郑重的宣言形态出现。可以是经验之谈，也可以是统计数据。

如果将这些很好地表现出来，便是"一句完美的发言"。

CEO说的一句话

决算报告会、年会、开业式、战略研讨会……在这样的场合中，必定有的一个环节是"CEO的一句话"。不能因为自己是CEO就可以夸夸其谈，需要很好地找到"一句话的素材"。如果总是说"继续努力工作吧"，会让人觉得味同嚼蜡。下面是可以一下子抓住职员心理的"演讲的四种方法"：

1. 提示未来，发表展望和规划。所有优秀的演讲，都会提及对未来的展望和规划。用一句话来说就是"梦想"、"真正想要获得的是什么"。这样的东西是可以做到的，而且越具体越好。如果把目前的"黑暗现状"和今后的"光明未来"做对比，那就会收到更好的效果。

2. 提示通往未来的道路：也就是通往未来的"方法提示（how-to）"。这种方法越具体越好。

3. 自信是激发行动的引擎。如果确定了梦想，做好了准备，那么剩下的就是自信了。要给职员们赋予"我可以做到"的信心，让职员们用行动来改变现状。

4. 用"讲故事"的方式抓住观众。有一个完美实现上面三个方法的手段，那就是"讲故事"。如果坦诚地和他人分享自己的经验和苦恼，任何人都可以成为演讲高手。而在我们周围，可以轻松地找到适合讲故事的各种素材。

——《朝鲜日报》（2009年1月4日）

关键是用什么来完成这漂亮的一句话 **06**

要充满说服力，
同时打动大脑和心灵

　　学校的课堂是以传授文化知识和培养人才为目的。那么演讲的目的呢？当然就是"说服"。

　　所谓说服，就是让观众听到演讲后，认可演讲者的想法和意见，从而产生共鸣；所以说演讲稿一定要有说服力。

　　如何才能做到有说服力呢？首先，你的论据要合理，能让观众产生共鸣，而这些共鸣还要以感性的形式去触动观众的心。试想一下，如果你滔滔不绝地讲了半天，而观众们只是在漠然地听着，不能在他们的心中留下值得回味的东西，那就很难说你的演讲有说服力。因此，若想使你的演讲有说服力，用浅显的理论和事例来激发观众的感性思维是至关重要的，因为这样才能产生共鸣。

● 平凡一点，但是要贴近感情

2009年春天，那时我正在担任煤炭公司总裁。当时，以婚外恋为主题的电视剧充斥着荧屏，而国会议员在开会的时候也经常打群架。因此，各大媒体纷纷讽刺说"掌子面电视剧"和"掌子面国会"的时代来临了。

为什么偏偏是"掌子面"呢？"掌子面"是坑道施工中的一种术语，即开挖坑道（采煤、采矿或隧道工程中）不断向前推进的工作面，因为里面又黑又潮，所以经常用"掌子面"来比喻婚外恋、暴力等社会的阴暗面。将我们神圣的工作地点作为"乱伦"和"暴力"的代名词，向我汇报任务的科长吐露了他的极大不满。

听了科长的话之后，为了避免这个词在人们心中的不良影响进一步扩大，我开始着手想办法。于是用《"掌子面"不是尽头，而是希望》为题写了一篇约一千八百字的文章，向社会呼吁不要将"掌子面"当作不良用语。

当然，面对铺天盖地的"掌子面"报道进行"澄清"需要冒很大的风险。因为不知道会不会招来媒体"管好自己吧"这样的反扑。所以，写好文章以后，我又反复地修改和润色，生怕有什么不当的言论引来媒体的口诛笔伐。这是2009年3月3日的事情。因为这篇带有号召性的文章和演讲稿没有什么区别，所以我就拿它来当例子。（引用这篇文章是为了向各位解释"说服力"的，可它并不是完美的演讲稿。如果想要利用这篇进行演讲的话，需要再简短一点，再具体一点。希望大家拿这篇文章练习一下，按照自己的理解再进行修改，然后在大众面前按自己的风格讲出来吧。）

真实案例——《"掌子面"不是尽头，而是希望》

最近，有一个被人们经常提起的词语，那便是——"掌子面"。当媒体报道凶恶的犯罪、不伦之恋和暴力时，经常用"掌子面"来比喻。出现了"掌子面犯罪"、"掌子面电视剧"，甚至出现了"掌子面国会"这样的用语。

　　我想问一问，大家知道"掌子面"的真正意思吗？掌子面就是开挖坑道（采煤、采矿或隧道工程中）不断向前推进的工作面。因为这里是坑道的最里面、最下面和最前面，所以人们把它解释成了"想去哪里都可以的地方"，而且这里又那么潮湿和黑暗。于是，有人将"暴力"和"不伦之恋"等可以坏到任何程度的东西比作"掌子面"。

　　作为大韩煤炭公司的总裁，我不得不站出来严正抗议。因为就在此时此刻，我们的两千多名职员正在位于地下数百米的掌子面上汗流浃背地辛勤工作。如果再加上私营煤矿，那矿工就更多了。

　　无须赘言，如果将各位放在那些矿工家属的立场上，每次听到"掌子面"的负面声音时，心里该有多么难过和痛苦啊，这些你们都了解吗？

　　比起这些，还有一件更加重要的事情。如果你实际进入坑道，到掌子面就知道了，进入坑道之后你会肃然起敬的。我第一次进入的时候，心里也备感震撼，眼眶立刻湿润了。太白市的长盛煤矿，位于地下一千米的地方，在这么深的地下，坑道四通八达、纵横交错，总长达二百八十公里，而在那坑道的尽头就是掌子面。

　　这里并不是什么充斥着暴力的地方，也并不存在不伦之恋。在这个神圣而崇高的地方工作的人们，为了解决我国的能源问题，矿工们在零上30摄氏度左右的恶劣环境中汗流浃背地辛勤工作着，他们的劳动成果和我们每个人的生活都息息相关。正是因为有那样的地方存在，才有了今天经济高速发展的韩国。

　　在今天这个已经被金钱和财富蒙蔽了双眼的世界里，还能有这样一群面带微笑地从事那么辛苦劳动的人，他们该是多么纯洁和诚实啊，希望所有人都可以理解这一点。

　　"掌子面"的工作环境相当恶劣、漆黑并且堵塞。但是这地方绝非肆意妄为的地方。既然是堵塞就应该疏通，因此，这里是继续前进和希望的象征，因为开挖"掌子面"，才会发现煤、稀有金属等各种宝藏。在第一线辛勤工作着的人们，在发现"黑色钻石"一样的煤炭被开采出来的时候会大声喊着"煤炭"，那就是收获喜悦和今后要继续前进、接受挑战的希望啊。

因为"掌子面"地处最前端和最底部，所以它还可以表示最高级和最高端。

"掌子面"就是这样，意味着希望和顶峰。所以说无论是电视剧也好，国会也罢，希望不要随便亵渎这个象征着"希望"和"最高境界"的词语。

有这样一句话："无心扔掉的石头有可能要了青蛙的性命。"如果将过去经济高速发展时期在煤矿中工作过的人全都算上，那么我国会有超过数十万的人在掌子面工作过，希望不要伤害这些人的心。更何况现在金融危机肆虐，是最困难的时期。正因为现在是一个极其困难的时期，我们不更应该用一个单词或一句话来关心和温暖人们的心灵吗？

怎么样？产生共鸣了吗？有说服力吗？

在文章发表还不到两个小时的时候，就有人喊道：

"总裁，您的文章在网上引起了很大的反响！"

居然会有这么特别、迅速而强大的反响，我始料未及。打开电脑一看，一个门户网站的主页上赫然写着《不要再提"掌子面"了！》，晚上的电视新闻也做了跟踪报道。在此后的一个月里，到处都是和"掌子面"相关的正面报道。电视、广播、报纸、网络等，相关报道加起来差不多有七十多次，作为本次"事件"的关键人物，我也接受了很多次采访，照片也刊登在了著名经济刊物的封面。这真是让人出乎意料的爆发性反应，这说明在适合的时机，这篇文章的说服力是很大的。

同样道理，你写的演讲稿虽然很平凡，但只要像这篇文章那样，将核心信息传达给观众，就可以说是具有说服力了。

● 说话和写文章，越通顺越好

前面提到的文章并不是一口气写成的，而是酝酿了一个星期之后，好不容易才写出来的。

学生时代，我连日记都没有好好写过，所以总是对自己的写作水平感到很不满。别人总是觉得我写了不少书，所以理所当然地认为对我来说写文章肯定是小菜一碟，可千万不要这么说。为了写好一篇文章，我坐在电脑前写写改改，而在头脑中不知道已经浪费了多少稿纸。思索、写一段、删一句……经历这样一个过程后，还得反复朗读，看看有没有拗口的词句，然后进行一次又一次的润色。

我后来知道，并不是只有我一个人这样做，其实专业人士都是这么做的。著名小说家李外秀在接受媒体采访时说道：有时，为了写小说中的一段二百字左右的段落，就要浪费掉四十多页的稿纸（虽然现在用电脑写，情况有所变化）。看来连专业人士都是这样做的，从而最终获得满意的作品。

所以，无论是小说、诗歌还是演讲稿，都可以反复修改来提高作品的质量。如果各位对自己的文章没有多大自信的话，并不是文采的原因，而是没有坚忍的毅力来进行不断的修改和润色。

想象一下如果各位的演讲稿也是经过千锤百炼后完成的，那会是一种什么情况。天下无难事，只怕有心人！完美的一句发言，只要肯付出努力，各位也可以做得到。

07

能让核心信息变得
生动的"故事"

　　"一句发言"一定要有趣味性。将正确的信息生动有趣地表达出来，观众才会认真倾听，才能引起他们的共鸣和感叹。所以，在寻找"话题素材"的时候，一定要将"生动有趣"这样的关键要素考虑进去。

　　让发言变得生动有趣的最有效的方法便是加入故事。

　　俗话说"百闻不如一见"，这句话在演说当中也同样适用。也就是说，给观众讲一百遍，不如让观众看一遍。

　　给观众讲一百遍也不如让观众看一遍？要怎样做才能让观众"看到"一句发言呢？

　　首先，想方设法搜集那些跟演讲主题相关的视觉资料。如果利用照片或者视频资料的话，能收获比直接讲给观众强一百倍的效果，这样很自然而然地激发观众的兴趣。

　　但是，并不是所有的"一句发言"都需要和允许你使用视觉资料。有没有可以用话语代替视觉资料的方法呢？

　　答案是，有！那就是活用事例、事件的方法。"百闻不如一'事'"，用晦涩的理论讲解一百遍，还不如举一个真实案例。这是我勉强造出来的句子，但是还请各位先这样记住它。

　　那么所需要的事例、事件这样的话题素材要从哪里找呢？毕竟我们每个人的亲身体验都是有限的，如果只是随便想想自己以前经历过的事情，那思绪肯定是特别茫然，事件、事例不会自己浮现出来。但是如果进入大脑深处仔细思考的话，那些自己亲身体验过的趣闻轶事就会源源不断地冒出来，就连每天上班时在路边看过的广告也有可能成为有用的素材。只要有一双发现的眼睛，我们的周围到处都是好素材。

● 捕获所有可以引起好奇心的东西

　　书籍、报纸、电视、电影，甚至连路边的风景也留心观察，是一个很好的习惯。不仅为了一句完美的发言，这在培养创意和提高竞争力方面，也是一个非常有效的手段。即使走在同一条上班的路上，有些人就能发现身边有用的信息，而有些人却只是匆匆走过而已。可以说，后者的竞争力就会弱很多。

　　先把那些各位发现或经历的事情，最好是一些能刺激人们好奇心的事情记录下来，说不定什么时候，它们就会成为有用的资料或信息。因此，在任何场合下，都要做好随时进行记录的准备。心理准备很重要，而且笔记本、照相机也要时刻准备好。因为，它们总会有派得上用场的时候。

　　举个例子，假定我们都读到《25%的韩国男性苦恼于妻子的暴力》这样一篇报道时，如果是常人的话，一定会惊讶于那个数据或者只是感到好奇。如果在读到这样的报道后，只想着"哈，真是好笑！竟然还有这么多废物！"这样的话，说明各位的观察力还需多加练习。

如果遇到能引起好奇心的东西，就要即刻进行记录和整理。因为那必定会在某一时刻成为有用的宝贵资料。不知道各位会不会想着"那种事情不是在脑子里记住就可以了吗"，请千万不要这么想。如果不及时进行记录，等到真正需要用的时候，事例是不会马上在头脑中浮现出来的。

● 回忆过去

搜集事件、事例的最好方法之一就是回忆过去。如果各位的年龄已经到了四十岁，那么到今天为止，所经历的事情应该特别地多。那就靠回忆，从自己的亲身体验中找到合适的素材吧。

各位的经历中（无论是直接的还是间接的经历），特别的、让人惊讶的、无可奈何的事情都可以成为好素材。因为这些故事都是各位的独特经历，可以说就是你的一个"独家秘诀"。

但是，想说"一句话"的时候拼命在脑子里搜寻的话，是不可能立刻把这些故事想起来的。所以，在日常生活中把那些偶尔想起来的"过去"都一一记录下来，做好笔记是十分有必要的。

有这样一句俗语："狗屎如果能入药，也很难找。"因此，为了避免到时候抓狂，平时仔细回想自己的过去并做好详尽的记录是很好的方法。

● 他山之石，可以攻玉

在和他人对话的过程中，也会发现许多素材。如果某人给你讲了很多东西，从说话者的立场上来看，肯定是有价值的。如果不是那样的话，他们也不会费那么多口舌。

在研讨会、讲座和电视广播中听到的专家意见，跟成功或者失败相关的各种真实案例，朋友间的闲聊等，如果在这些场合当中发现了有用的故事也要及时记录下来。

特别是在和同事之间的日常闲聊中，也会发现很多幽默的故事。这是因为，在电视、报纸和杂志中看到的幽默素材，大部分人都听说过，所以不容易引起观众的感叹。而在与同事之间的谈话中让人哈哈大笑的幽默，说明这个幽默很有现场感，笑点很高，而且很有可能是唯一的。如果把这些记录下来的话，今后一定可以派上用场。

从现在开始，要培养从闲聊中发现"珍珠"的慧眼。"他山之石，可以攻玉"，别人不经意的几句话中也可能包含很多好素材。

● 玉不琢，不成器

如果将上述搜集来的素材直接运用到你的"一句话"中还是存在缺陷的。正如璞玉要进行反复的雕琢才能变成晶莹剔透的艺术品一样，你搜集的素材要进行加工才可以。

下面是我的真实经历。

在德国世界杯如火如荼地进行的时候，我走在路上，发现了一家擦鞋的小店。我问老板擦一次鞋多少钱，老板说两千五百元。但是在我要付钱的时候，老板却说今天不收钱。我很惊讶地问道：

"为什么不收钱呢？"

他的答案让我感动。

"今天的比赛关系到我国到底能不能进入十六强。为了祈祷我国能顺利地进入十六强，所以今天一整天都是免费服务。"

如果听到这个回答后，只是想着"哎哟，真是了不起"的话就很可惜了。

怎么可以放过这么好的素材呢！这可不是我们每天都能够碰到的事情。我想，那天肯定有很多人接受了免费擦鞋的服务。但是这样将其加以利用，写进书里的人也只有我一个。

并不只是写进书里。我把那天的感动之情并参照擦鞋小店老板的神态、语气等写了一个足有十分钟的话题材料，在讲课和演说的时候用过很多次。在给大企业员工进行培训的时候，我将其说成是"专业精神"；在以志愿者为对象的演讲中，我又把它定义为"奉献的快乐"。

我们的周围，到处都是这样的素材。这就要看你怎样对其进行加工了，它有可能变成充满教育意义，但也有可能只是生活中一闪而过的插曲。具有卓越的加工能力的人，当然可以成就一番完美的演说。其实，这并不需要什么特别的技巧和方法，只要怀着这样的想法，不断努力，再稍加训练就可以了。

再举一个例子。在电视中，我们经常能看到以夫妻关系矛盾为主题的现代剧和以宫廷之中明争暗斗为主题的历史剧。你也可以沉浸在紧张而有张力的故事情节中愉快地打发时间。但是如果想把它们变为演讲素材，也是可以的。如果在电视剧中发现了让人印象深刻的场面，那么这也可以成为好的素材。仔细观察夫妻间说话的语气和君臣之间的关系，从中概括出一两个道理并把它记录下来的话，日后肯定有可用之处。

将那些素材和概括出的道理，按类分好，在适当的时机再传达给观众。试试看吧，观众一定会为之感叹的。

● 像现场直播那样表现

如果想提高素材的可用性，表现方法一定要好，这一点是很重要的。演讲如果变成Briefing（简报）或是presentation（陈述），是不能让观众发出感叹的。而且，一味地把那些素材罗列出来，也是枯燥乏味的。同样的食材，在不同的厨师手下会变成不同风味的料理，同样的话题也会根据表现方法的不同，呈现出不同的演讲效果。

听听著名的张庆东牧师、黄秀管博士和金美景女士的演讲吧。仔细观察一下他们几位的现场演讲，你会发现有一个很明显的特征。不仅是他们，那些能引发观众赞叹的好演讲都有这样一个共同的特点。

他们总是能把很平凡的素材，用异于常人的表达方法表现出来。即便是相同的素材，通过他们表达出来之后总会有不一样的地方。就如同语言变成了一幅画，或者就像是在看电影一样。他们到底是怎么说的呢？

他们的演讲中充满了真情实感、现场感和共鸣感。

举例说明，在讲儿媳妇和婆婆之间的日常矛盾的时候，他们不是平铺直叙地讲述事情的来龙去脉，而是让观众以连发感叹词的激发共鸣的方式表现出来。他们把那些我们已经熟知的，但是没有表现出来的东西生动地讲了出来。相信听过他们很多次演讲的诸位，肯定已经体会到了这一点。

他们的素材当中，有很大一部分是我们大家都知道的事情。几乎没有什么特别的或者令人惊奇的事例，而是那些在日常生活当中人人都能够经历到的事情。即便是这样，他们还是将我们没有表达出来的东西生动地展现给了观众。他们会把它描述成好像我们就是在现场看儿媳妇和婆婆拌嘴一样。在这一点上，专业人士做得特别出色。

如果各位也想做到"一句完美的发言"，一定要熟练掌握这个方法和技巧，这没有什么难的。只要用敏锐的观察力和丰富的想象力来进行生动的表现，让观众有身临其境的感受就可以了。

Part 4

相同的内容可以说得更有趣：
别具一格的演讲方法

到目前为止，我们已经了解了完美地构思演说内容的方法。那么，从现在开始就要学习如何站在演讲台上将这些内容展现给观众的方法了。演讲稿的完美和说话的完美是不一样的。将写好的东西转移到"说"上面，根据演讲方式的不同，从而带来不同的演说效果。

我们周围总有一些人可以将同样的话说得特别生动有趣。即使是很严肃的演讲，他们也在演讲中添加了很多幽默，而又挑不出任何瑕疵；演讲内容虽然很正式，但也不会让人感觉到枯燥。相反，原本很热烈的场面，也因有些人说错话而变得冷场，让观众觉得好无聊、好尴尬。各位是哪一种类型呢？如果是可以将话说得生动有趣的"一句完美发言"的那一类就好了。

现在假设各位就站在众人关注的演讲台上。要怎样向那些人演讲才能让人感觉更加有趣呢？在下面这一章中，我们就来学习这些内容吧。

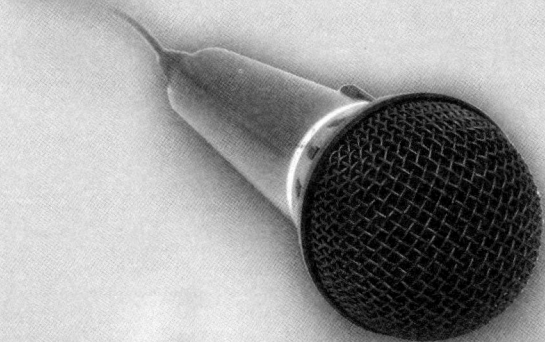

说得像读，
还是读得像说

　　在写好演讲稿后，我们就要学习如何站在观众面前将这些东西生动有趣地表达出来。

　　不论是即席演讲还是照本宣科，最好能完全消化讲稿的内容，就如同即席演讲一样。如果这样做很困难的话，至少也要准备一张卡片把关键词记下来，像做即席演讲那样发言。

　　如果连这点也有困难的话，就只能照着讲稿朗读了。

　　然而，这时候也要注意根据朗读技巧的差异而带来不同的效果。同样的一篇演讲稿，有的人像是在念书一样让观众觉得枯燥乏味，也有的人可以依靠高超的朗读技巧使它变成完美的演讲。当然，我们的目标是后者。

　　在念演讲稿的时候一定要记住的一点便是"不要只顾着读，要说出来"。有些人在演讲时从头到尾视线都不会离开讲稿，闷着头一字一句都要照着念。注意力全在讲稿上面了，因此观众连演讲人的样子都没有看清楚。如果是这样，那"一句完美的发言"算是泡汤了。

相反，也有人事先把演讲稿的内容全部消化掉，视线往返于观众和演讲稿之间，自然得像是直接和人说话一样。

要清楚地知道"读得像说"和"说得像读"之间的区别。想知道两者之间的区别，在礼拜日的时候去一次教堂就可以了。我去过各个地方的教堂并饶有兴致地研究过牧师们是怎样布道的。有的牧师像念书一样，当然是了无趣味，只会让人犯困。与之相反，有的牧师即便讲台上有讲稿，但仍然像说话一样把它讲出来。这样不仅能提高说服力，也会让人感觉生动有趣。

"读得像说"是指将感情融入声音当中，在读讲稿的时候语调有高低、强弱和长短之分，抑扬顿挫，十分动听；把要说的内容在头脑中很好地勾勒之后，带着喜怒哀乐的情绪说出来。想要做到"读得像说"，演讲稿必须符合演讲人的说话习惯和呼吸频率。这就是我一再强调讲稿要自己写的原因。所以，写好演讲稿之后，还要像真正演讲那样反复地朗读，将演讲稿中较长的语句断开，在需要停顿和强调的地方做好标记，让演讲稿和自己达到一个和谐统一的境界。

根据文章的长短，念演讲稿的风格也应该有所不同。酝酿好感情把我在前面推荐的光复节总统祝词大声朗读出来吧。然后，再把我的"掌子面"文章念一遍，你或许会感觉喘不上气来。那是因为撰稿人的风格不一样的缘故。写文章的风格和演讲的风格是不一样的。

费尽心思完成的演讲稿，并不是以印刷物的形式传递给观众，而是通过带有演讲者情绪的语句传达给观众。根据声音的不同变化，可以让观众感动流泪，也可以让观众觉得枯燥乏味。因此，不要觉得朗读演讲稿是一件没什么大不了的事情，要多加练习，让观众为你的演讲感动，为你欢呼。需要提醒的是，在朗读演讲稿的时候要留意以下几个事项：

★ 将演讲稿写得容易朗读。

★ 将书面语改成口语，把难懂的词语替换成观众容易理解的词语。

★ 使用在日常生活中经常使用的词语。

★ 标好要停顿和强调的地方。

★ 标好在哪些地方需要将视线转移到观众身上。

★ 在正式演讲前要大声朗读，反复练习。做到即使不看到演讲稿，也可以行云流水般地在观众面前讲下去。

★ 调节好声音的强弱、高低、长短，让演讲变得抑扬顿挫。

★ 有时情绪激昂，有时慢声细语，注意情绪的变化。

演讲者的武器是发音，
从基础做起

　　演讲要做到生动有趣，这是"一句完美的发言"的核心。相同的内容，有些人表现得很枯燥，而有些人能吸引观众的心灵。在学习让演讲变得生动有趣的方法之前，我们还有一个问题需要解决，那就是"声音和发声"。

　　如果想成为"语言魔术师"，我们就要先从如何发声开始学习。

● 给声音"化妆"

　　根据美国心理学家的调查表明，根据声音的不同，信息传递的效果有百分之三十八的差异。根据哈佛大学的调查研究表明，百分之八十的观众会根据演讲人的声音来判断他的身体和精神状况。

　　有一家咨询公司以世界上最成功的一百名商人为对象，以"成功的最重要秘诀是什么"为主题进行过问卷调查，得到最多的回答居然是"调节好声音"。由此可见，很多人强调声音的重要性。

与之相反，演说名家戴尔·卡耐基说："如果不是专门训练口技的人，在练习声音上花费太多的时间是没有意义的。"他认为一个人的声音是很难改变的，与其在这上面花费时间和精力，还不如在其他方面（培养自信、关注演讲内容）下功夫。

还有人主张观众会被演讲者的声音所"同化"，所以没有必要在改变声音上面下太多功夫。这就是所谓的"同化论"。没错，想想女笑星朴景林那沙哑的声音。第一次听的时候，肯定会让人头皮发麻。但即便如此，观众们仍然被她的声音所同化，不会有不快的心理，反而把这沙哑的声音当作她的个性所在。

但是这里有一个不能忽略的事情，那就是，如果观众事先知道演讲者的声音特点的话，可以在现场很容易同化。但是假如演讲只有三分钟左右，最长不超过十分钟的话，声音就会发挥决定性的作用。

相信各位也有过这样的经历。因为站在讲台上演讲的人的声音很难听，进而对整个演讲都印象很差。因此，说声音是"演讲人的名片"是很有道理的。

当然，声音条件差到要接受发声矫正的人并不多。但是如果音色方面确有需要改正的地方，那我们当然就要进行改正了。比起采用各种方法很辛苦地将声音进行"矫正"，在演讲的时候懂得如何为声音"化妆"是很有必要的。如果有意地在演讲的时候换一换声音的话，声音也会慢慢变得很好。声音专家推荐的对声音进行"化妆"的方法有以下几种：

★ 用正确的姿势发声：挺胸抬头之后，铿锵有力地说话。

★ 用明亮的声音生动地说话：有意识地让声音变得明亮并且具有活力。

★ 发出自己喜欢的声音：用自己一直都希望拥有并且喜欢的声音和速度说话。

● 矫正发音

在做一句发言的时候，和声音同样重要的便是"发音"。在面对面对话的时候，因发音不准而苦恼的人并不多。因为面对面说话的时候，即使发音不清楚，可以通过表情来帮助表达。但是如果在观众很多且和他们距离很远的情况下，发音就会成为问题。

发音不准就如同字迹不清楚的文章一样，让人一头雾水。并且，作为一名"演说家"，如果在发音方面存在缺陷的话，仅这一点就能给你的形象带来负面影响。当然，演讲效果也会大打折扣。所以，如果发音不准的人想要做好完美发言的话，就有必要进行发音矫正方面的训练。

矫正发音的方法有很多。比如，用力咬住圆珠笔的方法、朗读难度大的文章的方法，等等。而最直接的方法就是用正确、标准的发音慢慢地一字一句地进行朗读，从而进行发音的矫正。

如果进行这样的训练，就会掌握舌头、牙齿和双唇之间的配合。一天三十分钟，坚持三四个月就可以见到效果。问题的关键在于要领悟发音和声音之间的关系，从而进行不断地努力和练习。

> 将自己的发言录下来之后再回放，你会因自己的发音中有很多不准确的音而感到惊讶，所以说发音训练是很重要的。先不说"一句完美的发言"，就在各位的生活当中，准确的发音也是尤为重要的。发音训练的最基本原则就是一字一顿地进行正确的发音练习。时刻要想着一定要用准确的发音说话，能坚持下去的话，用不了多久你会自然而然地发现自己的发音已经开始矫正了。

圆珠笔矫正法

从外国来到韩国，现在成为演员的K，在考大学的时候说过这样一句话：

"在韩国生活的这几年里，令我印象最深刻的便是每天嘴里咬着圆珠笔进行矫正发音练习的事情。"

由此可见，利用圆珠笔进行发音矫正是很常见的方法。尤其是对演员和播音员这种在语言的发音上有着苛刻要求的人来说，这是最常用的练习方法了。如果各位想要进行发音矫正的话，这也是一种不错的方法。具体方法和要领介绍如下：

★ 将木筷或圆珠笔横放在两侧臼齿上。这时候如果太过用力会对牙齿造成伤害，因此要轻轻咬合。

★ 这时候口型就会变大。

★ 在这种状态下发音，舌头不能灵活移动，因此只会发出短舌音。

★ 之后，将准备好的图书或者绕口令一字一句地念出来。如果发音时口型开得再大些，可以得到更好的发音效果。

★ 发音时舌头会以圆珠笔为界，穿梭在上下侧发音部。如果掌握了舌头的动作要领之后将圆珠笔拿出来，这时你会发现发音变得更加正确了。

★ 每天十五分钟，坚持三四个月左右就会发现不仅发音变得准确，就连一些明显的方言发音也变好了。

● 发音要准确

还有一种方法，就是阅读绕口令。这种方法有助于改善发音连接不自然或者辅音发音不准的状况。

要领就是深吸一口气，按正确的发音念下去。在练习之前做一下舌头的运动（最大限度地将舌头伸出，并上下左右地活动）和嘴的运动（用力上下左右地活动，或者反复发声发出a、o、e、i、u、ü），伸展一下口腔内部肌肉比较好。下面就是训练中经常用到的一些绕口令：

九月九，九个酒迷喝醉酒。九个酒杯九杯酒，九个酒迷喝九口。喝罢九口酒，又倒九杯酒。九个酒迷端起酒，"咕咚、咕咚"又九口。九杯酒，酒九口，喝罢九个酒迷醉了酒。

八十八岁公公门前有八十八棵竹，八十八只八哥要到八十八岁公公门前的八十八棵竹上来借宿。八十八岁公公不许八十八只八哥到八十八棵竹上来借宿，八十八岁公公打发八十八个金弓银弹手去射杀八十八只八哥，不许八十八只八哥到八十八岁公公门前的八十八棵竹上来借宿。

黑化肥发灰，灰化肥发黑。黑化肥发黑不发灰，灰化肥发灰不发黑。

南边来个老爷子，手里拿碟子，碟子里装茄子，一下碰上了橛子。打了碟子，洒了茄子，摔坏了老爷子。

四是四，十是十，十四是十四，四十是四十，谁能分得清，请来试一试。

一个半罐是半罐，两个半罐是一罐；三个半罐是一罐半，四个半罐是两罐；五个半罐是两罐半，六个半罐是三满罐；七个、八个、九个半罐，请你算算是多少罐。

营房里出来两个排，直奔正北菜园来，一排浇菠菜，二排砍白菜。剩下八百八十八棵大白菜没有掰。一排浇完了菠菜，又把八百八十八棵大白菜掰下来；二排砍完白菜，把一排掰下来的八百八十八棵大白菜背回来。

司小四和史小世，四月十四日十四时四十上集市，司小四买了四十四斤四两西红柿，史小世买了十四斤四两细蚕丝。司小四要拿四十四斤四两西红柿换史小世十四斤四两细蚕丝。史小世十四斤四两细蚕丝不换司小四四十四斤四两西红柿。司小四说我四十四斤四两西红柿可以增加营养防近视，史小世说我十四斤四两细蚕丝可以织绸织缎又抽丝。

黑豆放在黑斗里，黑斗里边放黑豆，黑豆放黑斗，黑斗放黑豆，不知黑豆放黑斗，还是黑斗放黑豆。

相同的内容可以说得更有趣：别具一格的演讲方法　03

为了说得有趣
而努力

如果不是发表学术论文，那么演讲就要说得生动和趣味盎然。最近，拥有这种演讲风格的人很受观众的欢迎。

分析那些说话有趣味的人的演讲后，可以从中找到一些原则和技巧方法。先不管当事人有没有意识到这点，反正我先把它定义为"津津乐道说话法"。

如果想要做到"一句完美的发言"，"津津乐道说话法"是很有必要的。要怎样说才能让演讲生动有趣呢？据我观察，说话趣味盎然的人有以下10个特征：

1. 努力使说话变得生动有趣。

2. 围绕着事例、事件为中心说话。

3. 讲述自己独特的经验。

4. 不管是闲聊还是授课，总是说对观众有所帮助的内容。

5. 讲述故事的时候，有时根据情节的需要，用模仿一些他人说话的样子等手段来增添趣味。

　　6. 故事展开不缓慢，多用短句。

　　7. 即便是同样的内容，表现方法也要独特而有趣。

　　8. 故事展开要有刺激和悬念。

　　9. 热情地讲述。

　　10. 像行云流水一样，但是也有情绪和语调上的变化。

　　要想生动有趣地讲述故事，演讲者本身必须首先具备想要把故事讲得有趣的积极心态和意识。虽然这是一句极其简单、类似常识性的话，但是很重要。

　　而且，光有意识还不够。为了把话讲得趣味盎然，还要进行不断的努力。这样的话，你大脑里的"主板"就会接受"趣味盎然系统"。进而说话的姿态会有所改变，声音和表情以及表现方法也会跟着改变。一句话，所有的东西都会围绕"生动有趣"带来积极的变化。

　　你的这些努力会在不知不觉中传达给观众。这样，捕获观众的耳朵和心灵只是时间问题。

相同的内容可以说得更有趣：别具一格的演讲方法　**04**

用例子说话

在这本书里，我反复强调要做到"一句完美的发言"，就必须多引用实例和事件，甚至将"百闻不如一见"改成"百闻不如一事"，可见实例和事件是多么重要。为了把话说得趣味盎然，这一原则也同样适用。

> 趣味盎然＝百闻不如一"事"
> 在讲演说中要多用例子。看看演说内容当中用了多少例子，就能大概预想到演讲的成功程度。

充满概念和抽象理论的演讲很难集中观众的注意力。如果想要生动有趣地演讲，那就需要将诸多生动而有趣的例子添加到演讲内容当中。越是认为自己没有口才的人，就越要这样做，这一点一定要铭记于心。

尤其是把那些亲身经历的故事添加进去，更是锦上添花了。给各位的人生带来戏剧性变化的故事，或是绝对不会忘记的一些经验教训等，此类故事添加得越多，越可以让演讲变得生动自然。

如果尽可能多地引用实例和事件，观众就会根据这些故事展开自己的想象，在脑海中勾勒出一幅幅画面。这时，一个单词一句话在他们大脑中变成了一幅幅移动的画面，让观众沉浸在有趣的故事当中。

举个例子，比如进行一场以"忍耐"或者"执着"为主题的演讲。如果只是一味地重复"不要中途放弃，要以不屈的斗志始终坚持下去"的话，肯定提不起观众的兴趣，因为这些大道理你不说大家也都知道。

但是引用"蝼蛄过河"这样的故事，效果就会完全不一样了：

"各位，你们知道蝼蛄吧？也就这么一大点（用手指头表现），到农村就可以看得到。蝼蛄有一个很特别的习惯，在桶里装满水，把它从一侧放进去，一开始它会游得很欢（蝼蛄游泳的样子可以用肢体语言来表现）。但它只要游到中间就往回游，没有毅力，游到中间它就会放弃。这个习惯就叫作'蝼蛄过河'。和蝼蛄一样，如果没有毅力，是到达不了目的地的，只会在途中放弃。"

像这样加入具体实例的演讲，观众就会聚精会神地听。越是平时没有听过的奇特的事例，就越会听得津津有味。

讲最有自信的故事，
说"我"自己的故事

前面也提到过，最好的例子便是说自己的故事。

无论是演讲还是图书，我们可以看到其中插入了很多例子。但是这些作者努力加入的例子，有的时候也会让人觉得它们毫无说服力，不能使人感动。这是因为，那些事例都是别人的故事，而且在其他书里也能读到。

如果讲述观众已经都知道的故事，反而会引起观众的反感。所以说要加入一些观众所不知道的事情，即演说者自己的亲身体验，这就是添加实例的基本原则之一。

观众对专业性很强的主题或鸿篇大论一般没有什么兴趣。他们只对现实的、可以直接体会到的话题做出反应。因此，那就围绕这个范围来讲述各位自己的故事吧，这样演讲才会变得生动有趣。

观众最想听到的就是这些故事。它们对各位在人生道路上亲身经历过、学习过、吸取教训的东西特别感兴趣。观众们会认真倾听那些演讲者通过亲身经历后，从中悟出的观点或用独特角度阐释的理论，并不想听人云亦云、没有亮点的故事。因此，讲述自己的亲身经验是很有必要的事情。

自己身上几乎没有那样的事例怎么办？如果深入思考、仔细回想的话，你会发现有特别多的故事和素材的，只是平时把它们淡忘了而已。

其中有在职场生活中获得的专门知识，也有和在别人交往中发生的有趣的小插曲，在精神上或者在身体上处于危机的时刻、一些让人意想不到的特殊经历……只要将那些回忆起来，再添加到演讲里面就可以了。

十年前，第一次在电视中进行演讲的时候，我当时在担任农协研修院的院长，但是电视台给我的主题却是让我感到非常意外的"夫妻关系"。农协研修院院长和"夫妻关系"？这两者完全不相关啊。但是为了能够获得电视演讲的机会，我不假思索地说了声"没有问题"。现在回想起来那可真是一个大胆的决定。

有些同事还过来问我："真是的，这和你自己的专业毫无关系，怎么就那样轻易答应了？"

我这样回答道："我已经有二十多年（当时）的婚姻生活了，也就是说维持夫妻关系二十多年了。在这段岁月里，我积累的有关夫妻关系的事例很多很多啊。如果连凑足一个小时的例子都找不到，那我不是白过了。"

之后我仔细想了好多天。在电视中演讲，内容一定要有趣味，而且还得是那些让人意想不到的可以引起爆笑的事情，这样最好。围绕这个范围，回忆起这些年和妻子生活过的点点滴滴，还真是不少。当时觉得没什么事，现在回忆起来才发现，让人忍俊不禁的小插曲还是蛮多的。我着手整理了那些实例，并概括出了自己的"夫妇学理论"，于是很成功地完成了电视演讲。虽然平时想不起来，但是在为演讲寻找素材的时候，真的会出现许多例子。

是的，各位也好好搜寻一下埋藏在记忆深处的那些小插曲吧。先不管演讲主题是什么，可以将其填满的生动有趣的例子其实特别多。不管是直接或间接的经验，在人生的长河中，已经有足够的小插曲装饰过你的记忆，只是你没用心地回忆而已。如果各位连填满五分钟、十分钟演讲的故事都没有的话，我只能说："很抱歉，各位的日子算是白过了。"

相同的内容可以说得更有趣：别具一格的演讲方法　**06**

多讲能帮助对方的，
而不是自己擅长的话

想一想吧。

观众们为什么把手头上的事情放下，跑到现场去听各位的演讲？

观众是自私的，他们并不关心各位做演讲的事情本身，他们关心的只是能否从各位的演讲中得到帮助。即使各位是名人，但如果你说的话不能对观众有什么帮助的话，他们是很难集中注意力听下去的。如果各位不能很好地将自己所经历的那些小插曲和奇特事情生动有趣地表达出来的话，是很难征服观众的心的。

那么，要怎样做呢？

要在故事中加入一些"可以引起观众关注的事情"，这样才能使观众的内心在不经意间发出感叹。

总而言之，通过演说可以给观众带来哪些帮助是提起他们兴趣的基础。如果演讲内容是和观众没有任何关系的事情，那他们当然会觉得枯燥无味。

观众最感兴趣的，往往就是那些能够对自身有所帮助的事情。

所以在进行演讲的时候，必须用各位亲身经历过的事情，给观众带来一些启迪或安慰。

比起大谈世界和平的主题，怎样使那些淘气的小孩子安静下来，更能引起观众的兴趣。先将自己所知道的和感兴趣的东西放一放，考虑一下观众想要听到什么，他们喜欢的是什么。如果想让观众聚精会神地听你的演讲的话，就必须满足他们的好奇心。

相同的内容可以说得更有趣：别具一格的演讲方法

07

给对方画画，
让演讲内容变得更真实

2008年，在担任煤炭公司总裁的时候，我到江原道横城郡的一个村子给农民进行演讲。

农村和农民的难处是老生常谈了。因为在农协工作了很长时间，这一点我很清楚。在农协工作的时候，我总是在农民面前说着迎合他们心意的话："农民很辛苦，农民最劳累，农村富饶了，国家才能更强盛，农村需要政府的全面支持……"

但是那一天，我想说一些和以往不一样的东西。所以在去的路上，我心里一直想着到底要说一些什么。

在村里活动室的门口聚集了很多农民。主持人介绍我是"农协出身的总裁"，登上演讲台后我这样说了下去：

"（前略）各位农民朋友们和我们煤炭公司的矿工们，其实是有很多共同点的，那就是我们都是在修理地球。但我们是地下工作者，各位是在地上工作。（笑）各位的工作地点叫作农场，而我们工作的地点叫作掌子面。（笑）各位，知道掌子面到底是什么样的状况吗？有一次，我到位于太白的一个煤矿去访问，心灵上受到了很大的震撼。因为，灵堂里摆放着为采煤而殉职的一千多名矿工的灵牌。除了矿工，还有什么职业会出现这种情况呢？

"大家可能只是听别人说过或是在电视上看到过掌子面，那可是位于地下深达一千米的地方。你们能想象地下一千米的地方是什么样子吗？那里的温度高达30摄氏度左右，湿度接近百分之百，一天之内要引爆好多次炸药。因为长时间在那样的环境下工作，矿工们的肺里吸进去了很多粉尘，所以'尘肺病'患者特别多。

"我在农协工作的时候，总是认为像各位这样的农民是最辛苦的。但你们知道吗，在这个世界上还有许多人在比各位的工作环境更加恶劣的地方辛勤劳动。如果干农活儿感觉特别辛苦，那就请你们想一下工作在掌子面里的矿工吧。要记住在这样一个地方，有一些人不顾个人的生命安全工作着。或许那样，可以得到些许的安慰。

"那里没有窗户，看不到蓝蓝的天空。因为要防止瓦斯爆炸的事故发生，所以烟酒是绝对要禁止的。如果和他们的工作环境相比，各位在晴朗的天空下，呼吸着新鲜的空气，累了还可以吃点东西，甚至来上一点米酒解除工作的疲劳，是不是可以说成很浪漫的事情呢。"

内容大概就是这样。怎么样？通过我的描述，可以想象出掌子面的状况吗？一开始农民还报以笑声，但是在后来知道了掌子面的状况和矿工们的工作环境之后，脸上都露出了特别惊讶的表情，安静地倾听着。演说结束，当我回到座位之后，一位农民代表走到我身边说：

"真的感谢您的精彩演讲。一直都觉得我们是天底下最辛苦的人，今天您给了我们勇气和安慰。希望您可以尽快安排我们到掌子面去看一下那里的实际状况，让我们也能够体验一下。"

从日常对话中学习演讲技法

日常对话是很有趣的，不会让人厌烦，跟朋友聊天，你会不由自主地发出笑声。但是站在众人面前发表演说却很难让观众发笑，这是为什么呢？

众所周知，日常对话的内容几乎全部由事例构成。由直接或间接经验来构成主线，生动有趣的例子会接连不断地出现。再加上生动的现场用语，如同播放电视剧一样，每一个细节描写，每一个画面都很生动。日常对话都是这样的，所以能让人感到愉快，感到有趣。如果想要"一句完美的发言"，就必须掌握"日常对话方式"。

生动有趣的说话方式并不是一定要引发笑声。如果观众是在一直安静地倾听你的故事的话，这也是生动有趣的演讲。为了达到这个目的，你得学会描述。有现场感、生动、有趣地表达出来，让观众有身临其境的感觉。那样，观众会跟着故事情节的展开，借助自己的想象，从而完全融入到故事当中。

尤其是在故事中有人物登场的时候，就要再现人物的表情和动作，要直接描述出他们的话语和行动，那样就可以更加生动有趣。

相同的内容可以说得更有趣：别具一格的演讲方法　　08

冗词赘句令人厌烦，
把话说得简练

我们在讲故事的时候，通常是按"时间、地点、人物、事件"的顺序陈述出来，这是惯例。但是按照这样的顺序说出，故事本身并不会变得更加有趣。想要生动有趣地表达，那么就不要拐弯抹角。要将不必要的说明尽量压缩，迅速阐明核心。

说话没意思的人，在说话方式上总是有一些共同点。那就是废话特别多，而且在一些不是核心内容的地方，总是花特别多的时间进行说明，那是没有任何意义地浪费时间。故事没有高潮，即便有高潮也会平淡无奇。如果观众已经觉得枯燥无味，那肯定不是一段成功的演讲了。

举个例子来说明。如果将我之前介绍的"蝼蛄过河"的故事按照以下的方式说出就会索然无味。

"日本谚语中有'蝼蛄过河'这样一句话。各位，知道蝼蛄吧？长度约三厘米，黑色的，长得很可爱，现在到农村也可以看到。如果在玩土的时候挖一挖就能够看到，大家小的时候一定拿着玩过。不知道为什么要叫作蝼蛄。但是这种蝼蛄有一个很特别的习惯。将桶里装满水……"

总是重复没有用的话，那样就会使紧迫感消失殆尽。演讲的核心内容应该是蝼蛄游泳的特殊的习惯，而不是把时间都浪费在介绍蝼蛄的样子和特征上。

特别是在讲述一些幽默故事的时候，就更应该缩短呼吸间隔来增强紧迫感。在能引发笑声的高潮部分，一定要讲得紧凑。

如果总是把时间浪费在那些无关紧要的状况说明上，原本很有意思的故事也会变得毫无趣味。观众也会不自觉地说出"真没意思"。观众的心原本是很活跃的，但是如果故事展开总是迟滞不前，那绝对不会捕获他们的心的。

相同的内容可以说得更有趣：别具一格的演讲方法   **09**

表达得新颖有趣

能把话讲得生动有趣与让人感觉枯燥乏味的人之间的区别就是，说话的方式和说话的技巧，尤其是在"表现技巧"上存在的差异。如果是前者，即便是同一个内容，他也可以表达得令人耳目一新，把司空见惯的事情演绎得颇为新颖，让人赞叹。

说到这样的人，我们就以张庆东牧师为例。只要一有空，我就在电视上看他的演讲，学习他说话时的表现技巧，并经常禁不住感叹"说得真精彩"。同样的内容，他总是演绎得特别有意思，特别生动有趣。他在讲"胖胖的妈妈"的故事时讲道：

"在我小的时候，我妈妈特别胖。胖到什么地步呢？在她怀着我弟弟的时候，根本就判断不出来是否怀孕了。"

这真是个让人意想不到的表达方式。想象一下胖胖的身体和怀孕时候的样子吧，真是让人不得不笑。

　　如果将故事说成"我妈妈特别胖，体重已经超过了八十公斤"，会怎么样呢？胖成这样的人何止是一两个？只是一个平平的述说，毫无趣味性可言。

　　同样的话、同样的内容也要说得更加有趣生动，要在这一方面多动脑筋，一句完美的发言，也不是轻易能够做到的。

相同的内容可以说得更有趣：别具一格的演讲方法　**10**

保持神秘，
绝对不要"泄露天机"

"我上大学期间寄宿在一户人家里，房东家有一个非常漂亮的女儿。每天早晨上学的时候，那女孩儿总会在大门口等着我，然后挽着我的胳膊哼着小曲儿，我们一起去上学。"

如果讲到这里，大家会想到什么呢？"什么样的女孩儿呢？""他和这个女孩儿是什么关系？"等疑问就会被激发出来，某种期待和紧张感油然而生吧？

但是如果把同样的内容说成"我上大学期间寄宿在一户人家里，房东家有一个七岁的女儿。那女孩儿每天早晨上学的时候总会在大门口等着我，然后挽着我的胳膊哼着小曲儿，我们一起去上学"。如果这样说的话，就不能引起观众的好奇心，悬念也就没有了。因为已经泄露了"七岁"这样一个"天机"。

可以把话讲得生动有趣的人总是先设计好机关，然后再展开故事。特别是在讲笑话的时候，把故事构思得悬念十足。

幽默就应该充满"反转"和让人突兀的情节，这是核心。把观众的兴趣点提升到最高点，让紧张感扩大到最高值后，说出让观众们意想不到的答案，让观众在无可奈何中捧腹大笑。如果不知道这些要领，就会首先把"包袱"抖出来，之后也没有什么紧张感，因此故事讲得就让人觉得索然无味。

这样说，观众肯定不会发笑

★ 如果充满说教，观众是不会笑的。

★ 如果可以预测到你下一句会说什么，观众是不会笑的。

★ 咆哮或者呐喊，观众是不会笑的。

★ 如果总是说一些成功实例或者炫耀自己，观众是不会笑的。即使在讲自己的成功，让人发笑的部分也很有限，那就是你的失败经历。

★ 如果用特别悲壮、严肃、深刻的表情说话，观众是很难笑出来的。

★ 没有高低、强弱、缓急之分的枯燥语气是不能引人发笑的。

★ 又低又慢的发声和没有诚意的语调，观众是不会发笑的。

★ 事先抖完了"包袱"，还没有讲到那里，自己就已经先笑出来了，观众是不会笑的。

知道世界上最无趣的故事是什么吗？就是"讲笑话的人自己先笑"的故事。如果在进行演讲的过程中，自己先被幽默弄得哈哈大笑起来，不能调节好自己的情绪的话，观众会觉得很尴尬，立刻就没有了兴趣，从而变成冷场。"我来讲一个有趣的故事吧"、"有一件特有意思的事情"、"给各位讲一个有趣的故事吧"，这样预告式的开头能给观众们带来期待感，也是一个提起观众兴趣的好方法。

在导入部分就将过多的故事核心透漏出去，或者把应该放在最后才亮出的决定性情节先抖出来，这样的方式就是"泄露天机"。这样的话，你再怎么努力，你的演讲也会沦落为没有一点亮点和紧张感的平铺直叙的说明。

要说得热情洋溢

"如果无话可说就不要再说了。当纯粹的感情迸发出来的时候再说，热情洋溢地说出来。"

这是《查泰莱夫人的情人》的作者劳伦斯说过的一句话。是啊，如果想要说话，那就热情洋溢地说出来，这样才可以征服观众的眼睛和耳朵。

将演讲进行得生动有趣的人，他们最大的特点就是说得有热情。

那么，什么是说得有热情呢？大声说吗？并不是那样。说话声音大得好像要把人的耳膜都震破，这并不是"热情"。人们并不喜欢特别吵闹、特别疯狂的演说。

说得有热情，是指让声音充满自信，把那些想要传达给观众的信息和迫切的感情，极具诚意地说出来。在关键的地方，你甚至可以降低音量来表现自己的迫切心情。声音高，可以传达你的热情；但是低沉的声音，仍然可以表达自己的热情。

　　如果充满热情，你的身体和表情就会活跃起来。如果热情传达到了观众那里，就会征服观众的心，并能引起共鸣。

　　热情极具传染力，会打散现场的一切沉闷，激发活跃的气氛。如果可以充满热情地进行演说，那么观众也会置身在一种被热情笼罩的气氛当中，进而集中注意力倾听你的演讲。热情洋溢的演讲会在观众和演讲人之间建立起相互呼应，进入一种情感一体化的状态，从而提高演讲的效果。

　　想要做一次生动有趣的演讲吗？从充满热情的说话开始吧。

说得像行云流水一般，
但要有变化

H女士，在职场上因工作出色而出名。她对职场培训很感兴趣，因此一直从事和培训相关的工作。但是她有一个致命的缺点，那就是她的发音。

就如同她那"德国士兵"的外号一样，她的一言一行总是以教科书为原则，不知道是不是因为这样，她说话的时候总是一字一顿的，给人感觉特别古板。就好像说出每个字的时候都憋足了力气。日常对话时，还能让人勉强听进去，但是如果站在讲台上讲课就很困难了。因为发音很不自然，比起讲课内容，她的声音和语气更能引起人们的注意。

一字一顿地发言或说话，让人听得很厌烦，也有语气过于不自然而导致说到一半不得不停止的时候。在电视报道当中，如果将话筒递到军人面前时，他们的那种说话语气，无一例外都是一个字一个字往外蹦的"军人话法"。比如："我们战士，无论何时何地，一定要将敌人的，侵入阻挡住！尽自己最大的努力，做到！"就是这样的方式。虽然她的发音已经柔和多了，但是过去这种情况却非常严重。

或许会有人问，发音和语气不是越正确越好吗？但是别忘了，说话应该像行云流水一样，必须很自然。

也许会有人问"行云流水"是不是指"像播音员一样流畅地说出来"？这里并不是这个意思。行云流水，是指说话要顺畅，不要磕磕巴巴，要自然地说出来的意思。

过分古板、一字一顿地说话是不可取的。如果话语不能自然地衔接起来，总是突然停顿的话，观众会觉得很别扭，从而也不能认真倾听了。其结果是，不仅没有生动有趣，反而会让人尴尬无语。

其次，虽然说话要像行云流水一般，但是也要注意变化。要用明亮、温柔的声音说话，如果一直用同样的语调和速度说话，观众很快会觉得困意大发。因此，一定要注意声音、语调、节奏等方面的变化。

音乐之所以能够称之为音乐，是因为有不同音高、不同音长的音和不同音色的音和谐地组合在一起。如果始终是在发出同样高度和长短的音阶，那就不是音乐，只是噪音罢了。

同理，想要说出生动有趣的话语，就要注意音高、音色和节奏的关系。有时热情洋溢，有时细声慢语，有时抑扬顿挫，有时用幽默引发笑声……要将这些变化一一融入进去。

切记！生动有趣的发言，不仅需要生动有趣的内容，还需要在表现形式上丰富多彩！

自然一点说话

像行云流水一样自然流露的说话方式在演讲中是非常重要的。在观众面前自然地说话，听起来简单，但其实很难做到。一旦站在演讲台上，谁都会紧张，总想找到演讲的"感觉"。而抓住"感觉"的一瞬间，语气就会发生变化。从"对话模式"转变成"演说模式"。

下面的场景相信各位也都碰见过。就是演讲人登上讲台演讲的时候，突然在某个时刻没有按照演讲稿读出来，而是用自己平时的声音说出来。突然想起什么事情或是需要说明的时候会出现这种状况。如果将前面的部分称作"演说模式"的话，后面的部分就是"对话模式"，像面对面进行一对一的对话那样自然地说出来。大家请切记！这是做到"一句完美的发言"的最基本的要求。

相同的内容可以说得更有趣：别具一格的演讲方法

13

用演技弥补

想要让演讲变得更加生动有趣，就得靠表演来加分了。即席演讲就不用说了，就算是在已经做好准备的演讲中，演讲人的表演是能否提升观众好感、引起兴趣的决定性因素。

如果演讲人的演技不好该怎么办？即便是再优秀的演讲稿，要想让观众感动也是很困难的。文章的感动之处和演讲的感动之处是不一样的，因为在演说当中，加入了很多演讲人的即兴表演。

观察一下那些著名演说家的演说，你会发现，站在讲台上的他们，表现犹如演员演戏一样娴熟。面带微笑说话是最基本的表演能力，各种模仿技能也是必须掌握的。

第一，像舞台上的演员一样进入角色。

有一个叫作"台上管理法（on stage）"的方法，就是说演讲的时候，要像站在舞台上的演员一样在观众面前表演。

演讲人要像故事中的主人公一样说话和行动。从声音、表情到动作，要完整地再现给观众，这样观众的心灵才会有所震撼。演讲时要时而真挚，时而激烈，时而轻声细语，时而侃侃而谈，时而装傻卖乖。这时，表情和姿势方面的演技是很有必要的。因为只有在表情、姿态和演讲内容高度和谐统一的时候，演讲人的意图才能完整地传达给观众，成就一次生动有趣的演讲。

具备这样的表演能力虽然有很大的难度，但是只要不断地努力练习和实践，这样的能力总会被慢慢地开发出来的。实际上，在培养演技的过程中，演讲大师们都是拿电视剧和电影剧本进行反复的表演训练。就像影视学院的学生们经常演小品来提高演技一样，只要平时多练，找到感觉，以后无论是一对一的日常对话，还是站在众人面前进行演讲，都可以清楚、熟练地表达好自己的想法。

作为演讲人，必须具备这样的表演能力。讲台是演讲人的舞台，站在这个舞台上，将自己的表演能力最大限度地发挥出来，提高演讲的效果，才能成为真正的专业讲师。

第二，给演讲增添生动感的台上表演。

在短时间内完成的即席演讲是不需要特别的台上表演的。只要谦虚、自信地站在台上清楚地把话说出来就可以了。但如果是观众很多并且演讲时间很长的话，就另当别论了。只站在一个地方不动，不仅看起来没什么技巧要领，而且很容易让人感觉枯燥乏味。

所以说经验丰富的演讲人总是很自然地在台上活动，以此来集中观众的注意力。这样的台上表演要根据现场的气氛和状况适当而定。

第三，站在讲台中间，两脚自然分开，但是要保持堂堂的风度，这是最基本的姿势。

第四，不能从头到尾一直将两手摁在讲台两侧，或是一只手一直压在讲台的一侧。

第五，根据情况，可以适当地离开讲台向两侧走去，以此来集中观众的注意力，并提高演讲的效果。

　　第六，有时候果断地从讲台上下来，到观众席与观众接近一点也是好的。这是有自信的专业讲师们经常使用的一种方法，各位也可以尝试一下。如果和观众站在同一个地方，就会很自然地将说话方法从"演说模式"变为"对话模式"。能缩短与观众的心理距离，这样很容易引起观众的兴趣，集中他们的注意力。

　　第七，把身体姿态和演讲内容结合起来提高效果。

● 表演能力的气压计——肢体语言

　　有这样一句话："身体要比嘴巴能传达更多的信息。"也就是说，在演讲中，演讲人的身体语言是很重要的。肢体语言可以直接、间接地把要说的意思表达出去。

　　肢体语言可以说是表演能力的气压计。美国电视台在选脱口秀主持人的时候，先关掉主持人的声音，光看他的肢体动作，如果动作有趣，在三十秒之内可以让人发笑的话就聘用。这说明，肢体语言是非常重要的。

　　好的肢体语言能给观众留下深刻的印象，也会提高演讲的效果和自身的形象，所以希望各位可以在日常生活中多练习自己的肢体语言。练习肢体语言应注意以下几点：

　　★ 胡乱地挥舞双手和双臂，不是好的肢体语言。在练习肢体语言之前一定要明白这一点。

　　★ 时而温柔，时而强烈，要做到肢体语言之间的转换和协调。

　　★ 肢体语言要让人感觉到生动和有活力。

　　★ 不要显得轻浮，要稳重。

　　★ 不要总是重复一定的动作，要根据演讲的内容做出与之相应的表情和动作，给予演讲多样的变化。

★ 姿态要和观众的规模相适应。如果面对很多观众的话，肢体语言的幅度可以大一点，但是也不能做出一些不自然的、夸张的动作。

★ 如果一直在展现肢体语言，就不要在中途突然停止。如果开始使用肢体语言，就要一直坚持到最后。

为什么不能改变呢？

要做到"一句完美发言"，其要领并不像想象中的那么复杂。如果写成书的话，好像有特别多的技巧和方法，但是实际上只要挑选几点运用到实际中就可以了。不过，很多人就是做不到这点。

第一，对自己的演讲水平没有自信的人总是想着"就这样吧"的想法。他们总是认为口才是与生俱来的，没法改变和提高，所以不愿付出努力去改善。

第二，有些人则与上面的人正好相反，即对自己的演讲水平有着盲目的自信，生活在"错觉"当中。为什么会产生这样的错觉呢？最大的理由就是自己的演讲还没有受到过"不像话"的批评。因为，大部分的观众在演讲结束后总是在发言人的面前说"很受启发"、"说得很好"之类的客套话，而转过身在背地里对演讲人进行嘲笑。如果不知道这种状况，就会在那些虚假的称赞之中形成错觉，这样就永远意识不到要做出怎样的改进。

相同的内容可以说得更有趣：别具一格的演讲方法

14

如何应对演讲
恐惧症

　　任何人站在众人面前演讲都会感到有压力。如果那种压力表现得特别强烈，就是所谓的"演讲恐惧症"。心理学家把它解释为"个人对集体的一种本能的恐惧反应"。

　　有句话说："在众人面前站着，老虎也会发抖。"所以站在讲台上，身心都会紧张发抖，这是一种自然的现象。我的情况是，即便有三十多年的演讲经历，甚至也在电视、广播中进行过很多次现场直播，但是直到现在，站在讲台上也会有些许紧张。至少也要在演讲开始五分钟之后才能够安下心来。

　　在讲台上会出现紧张情绪的原因有很多。有些人是因为准备和经验不足，有些人是因为要站在比自己水平高的人面前讲话而信心不足。其实，站在他人面前本身就是一件让人紧张的事情，所以说所有的讲师都曾体验过紧张也并不过分。

　　丘吉尔曾说过，为了消除在观众面前讲话时紧张发抖的习惯，他把台下的人都想象成赤身裸体的人；富兰克林·罗斯福则想象下面的观众都穿着有破洞的袜子。（这是一种将观众当成没什么了不起的对象，用稍微蔑视的方法来克服紧张情绪的方法。）

● 从克服"演讲恐惧症"到"一句完美的发言"

面临演讲或站在观众面前时，就会紧张发抖，其实这种恐惧现象也并不一定是坏事。适当的紧张情绪和压力能激发演说人的潜力，可以造就一段著名演说。但是，如果这种情绪超过了一个尺度，那就会成为问题了。

如果恐惧感太强烈，思维和判断就会受到影响。由于心理负担太重而导致演讲不够通顺或者过于兴奋，从而不能成就一番好的演说。如果过分恐惧而不能很好地表达自己的想法，或者说出和自己的意图相反的话，这样就破坏了原本可以成功的演讲。

深受"演讲恐惧症"困扰的人不妨按照下面的方法去做。这些方法不仅对克服演讲恐惧有帮助，还可以成就你的"一句完美的发言"。

"准备"是包治百病的良药

如果时刻都在心里想着演讲的时刻最好快点到来，或者已经做了足够的准备，其实这样的预期反倒会让自己更加紧张。根据个人经验来判断，演说开始后的五分钟，将是恐惧感达到顶峰的时刻，所以，针对"演说的初期要怎样说"这个问题进行充分的准备，这会是克服紧张情绪的有效方法。

将紧张发抖的事情看得更平常、更自然些

美国一些著名的演说名家，例如戴尔·卡耐基、罗斯福总统等很多人关于"处理恐惧感的方法"都曾经提示过一些相同的东西。他们无一例外地将恐惧

感当作一种自然现象来接受，主张从正面接受它。站在万千观众面前演讲，任何人都会紧张的，这种紧张感并不是只有你才会有，所以把它当作一件平常的事情来接受就好。只要在心里想着"无论多著名的演说家，站在众人面前也会发抖，这有什么大不了的"，像这样一想，也就自然而然地接受了。

摒弃想要获得更好的贪心

一定要做一次有名的演讲、一定要引发观众的欢呼和赞叹……如果怀有这些贪心的想法，你就会更加紧张。随着目标的升高，紧张感也会增强，那样的话，在进行演讲时只会更加地不顺畅。要以诚实和真挚的心态平稳地传达好自己的想法，我们需要这种朴实的心理。那样心情会变得很平静，紧张感也就会慢慢地消除了。

把观众想象成没什么了不起的普通人

即便是日常生活中可以经常见面的同事，如果变成"观众"这样一个集体身份的话，我们也会紧张得发抖。但是，在私底下见面的时候，你一定完全不会出现紧张发抖的情况。所以，不要将观众当作一个特殊的群体，而是分化成为一对一的状态，这样想的话，可以帮助你有效地控制恐惧感的扩散。如果把观众逐一分解成一个个的个体的话，就会认为他们"都是差不多的普通人"。如果你对着"没什么了不起的普通人"演讲的话，还有什么理由会紧张得发抖呢？

看似并不紧张的说话

许多心理学家都倡导一种克服心理恐惧的方法，那就是"看似"的方法，即"看似自信满满"、"看似很勇敢"、"看似毫不在乎"，等等。实际上，我们真的可以做到这些。

站上讲台之后，千万不要露出慌张的神情，尝试对着观众一个一个地仔细浏览过去，让自己"看似不紧张"，同时最大限度地进行深呼吸，故意让人看出你泰然自若的状态，然后游刃有余地面向观众开始发言。那样的话，站在演讲台上的恐惧心理就会慢慢地消除，观众也会觉得你是在自信满满、游刃有余地发言。

进行深呼吸

如果因为紧张而发抖的话，身体就会很用力，全身会很紧张（觉得寒冷而发抖的情况也是同样的道理）。这时候，要有意识地将心理的那种压力释放掉，全身放松，慢慢地进行深呼吸，这样，发抖的现象就会慢慢地消失。

一位著名的哈佛大学的心理学教授曾经说过，深呼吸是缓解紧张情绪的最有效的办法。如果我们的身心集中于做深呼吸的话，不安情绪就没有机会进入我们的思绪当中。特别值得注意的是，这时候的呼吸方法不是用胸腔呼吸的胸式呼吸，而是利用腹部力量的腹式呼吸。

在演讲开始之前，当你等待着自己的发言顺序的时候，不妨平稳地坐好，将眼睛轻轻闭上，然后把手放在腹部附近。如果想要进行腹式呼吸的话，就要把气深深吸入腹中，然后一口气吐出来。这样有意识地进行呼吸训练，对于缓解紧张情绪会大有裨益。

茱莉亚·罗伯茨的自信

美国著名的女演员茱莉亚·罗伯茨总是给人自信满满的感觉。有一次，她在出席某电视谈话节目的时候被问道："要怎样才可以像你一样时刻保持自信呢？"以下就是茱莉亚·罗伯茨的回答：

"其实我的心理也时常感到不安。如果不能完成期待中的演出的话，那该怎么办呢？在中途会不会出现NG（不好的镜头）呢？我总是陷入这种不安当中。但是，我自己却总是看似自信满满地努力工作着，而且我总是时刻提醒自己可以做到最好，因而为之进行不懈的努力。我想着'我可以'（新的演技）而接受挑战，同时为了证明（自己可以做好）而努力。如果反复进行这些事情的话，某一个瞬间你那'看似拥有'的行动，终将为你迎来鲜花和掌声，到最后你就会神奇地发现自己获得了自信。"

——摘自许光源《作为社长》

进行积极正面的自我对话

如果因为"演讲恐惧症"而产生不安的话，就试着来做深呼吸克服这种紧张情绪吧！不过，比起消除不安的情绪本身，让自己对不安情绪有控制力，这一点也会显得更加重要。心理学家曾经指出：在觉得紧张和有压力的情况下，若想控制不安情绪，与其单一地害怕，不如更加专注于一定要做的这件事当中。如果出现了不安的情绪，就要做深呼吸，尝试与自己进行"积极正面的对话（self-talk）"。

积极正面的自我对话，这主要是指经常对自己的内心说出一些放松心情的话语。比如："已经做好了充分的准备。只要不紧张，你就可以做好！你可以做到！""放松一下，我可以做到。有什么可怕的！观众只是观众而已，要落落大方一点儿！"这样进行自我说服、自我暗示，尝试对自己的能力进行肯定的话，剩下的事情是专注于即将进行的演说，那就万事大吉了。

最有效的处方便是练习

想要克服"演讲恐惧症"的最有效的处方便是多加练习。在这里，我会推荐自我独自练习的方法，你可以尽自己最大的努力多获得发言的机会，多进行实战的方法。那样的话，做到"一句完美的发言"的经验就会不断地累积，那么，演讲发言时就不会再感到紧张，相反，你会渐渐喜欢上"演讲"这件事的！

Part 5

幽默的"等级"
依仗一句话的"等级"

　　虽然已经多番强调，但我在此还是要再重申一次，"一句完美的发言"是可以引发观众情不自禁地赞叹的，是足以让观众从内心中萦绕着无限感动的完美演讲。能够让素不相识的观众为之感叹或者感动，这其中必定有它的秘诀，那就是所谓的"感叹要素"。听起来也许觉得非常神秘，但这要素之一其实非常简单，就是我们经常挂在嘴边、时常谈论起的"幽默"。

　　在演说的中间加入恰如其分且精妙绝伦的幽默，想象一下观众捧腹大笑，继而又暗自沉思、不住点头的场面吧！这样的演讲内容，怎么说都会变得更加丰富的！

　　在本章中，将介绍演讲时应怎样恰当地使用幽默。

幽默：大胆和执着 都起不到什么好的作用

　　当站在万千观众面前进行演讲时，谁都希望成为备受瞩目的演讲达人。有这样的想法对任何人来说都是理所当然的，几乎无一例外。

　　如果有哪个演讲者说："我根本不在乎自己在观众当中是否有人气。"在我看来，他就不应该再进行公众发言。其实，在意观众的反应这并不是俗不可耐的事情，试想一下，如果连这一点欲望都没有的人，怎么可能做好一场完美的演讲呢？

　　在观众中的"人气指数"便是"一句完美的发言"的结果，潜移默化之间，这两者之间的关系是很紧密的。所以，期待能够做到"完美的一句发言"的人，一定要有意识地关注自己在观众之间的人气。而在乎观众的反应，为了"取悦"观众，获得理想的人气状态，这里需要用到的演讲技巧就是"幽默"。总是意识到人气很重要的那些人，势必想尽办法让观众发笑，他们认为这才是优秀的演讲，正因如此，他们会在不知不觉间想尽办法进行幽默构思，很自然地，也因为这些问题而感到有所压力。

第一，不要陷入幽默自卑当中。

不久前，一位跟我关系很亲密的前辈打来电话。他告诉我，半个月之后他要当婚礼的证婚人，向我询问是否有比较特别或者幽默的故事。到现在为止，他已经做过很多次证婚人，我问他为什么突然要找幽默的故事。他的回答是：应该让前来道贺的客人们开心地笑一笑。但是从实战经验来说，总说一些深刻的哲理、做人的道理之类的，宾客们似乎历来都没有什么强烈的反应。所以，到现在他甚至都有些害怕当证婚人这一角色了。

这就是所谓的幽默恐惧，或者说是幽默自卑、幽默压力，等等。对于那些想要达到"一句完美的发言"效果的人们，这样的欲望越强烈，他们对于幽默的压力也就越大。这些人当中，有一些是在演讲过程中对"幽默"这一要素极其关注的人。如果结束演讲的时候，观众没有发笑的话，他们就会很自然地认为是演讲的哪一环节出了问题，他们会一直感到局促不安，甚至还会意志消沉。

很明显，在演讲的时候如果对幽默毫不关心、完全不当一回事的做法虽然不可取，但是对它过于关注，这样的状态也并不是好的状态。如果对它过于关注，甚至达到了"幽默自卑"的程度，那么对于达到一场完美的演讲状态，就会越发困难了。

事实上，即便说出来的话并没有达到让观众捧腹大笑的幽默效果，也总可以让人觉得很有趣，同时让观众觉得演讲活泼生动，也更能集中自己的注意力，这样的演讲方法有很多种，也就是说，并不是一定需要依靠"让观众哈哈大笑"这样的方式来诱发观众的兴趣。

或许各位读者在想："你不是从本书的第一部分开始，就已经告诉我们幽默的重要性吗？"千万不要误会我的本意。在演讲当中，幽默技能绝对是一项不能被忽略的东西。正如前文我反复强调的，它可以帮助演讲变得更加生动有趣。不过大多数时候，这都需要掌握好一定的尺度，想要做到"一句完美的发言"不可以过分要求幽默，只要"尽可能地"让观众觉得开心就可以了。从实践意义上说，学习这种有效果的方法还是非常有必要的。

第二，不要勉强带来欢笑。

在演讲当中幽默很重要，但是并不意味着要矫揉造作地揉进太多不相干的内容，只有自然而然地流露出来的幽默才是最好的效果。如果演讲陷入"幽默自卑"或者为幽默而刻意寻找幽默的状况下，用那些毫无意义的话语硬是引发欢笑的话，现场状况就会显得很难堪。荒唐、让人感到意外的故事虽然是幽默构思的核心要素，但是这也仅仅只有在那些荒唐和意外能够引起观众共鸣的时候，才能够达成幽默的效果。只有出现了奇特状况的时候、能够产生一种"陌生化"效果时，观众才会为之感叹而引发欢声笑语。

但是如果使用那些毫无意义的话，模仿一些蹩脚的电视节目中恶俗的搞笑角色所使用的把戏，生硬地创造出所谓的幽默的话，观众只会给予冷淡、不屑的回应。而此后阶段的演讲，很可能就会变成演讲者自说自话的"独角戏"。

构思幽默、诱导观众发笑，这样的出发点是很好的，但是绝对不能勉强而为之。幽默并不是一件"幼稚得像傻瓜一样的事情"。"柔软灵活、跳跃性地运用你的思维"，自然地引人发笑，那才是真正的幽默。

> 幽默：柔软灵活、跳跃性地运用你的思维，自然而然地引人发笑。为什么在演讲中要特意构思幽默呢？任何人都知道是为了提高演讲的品质。引人发笑，这个行为本身并不是使用幽默的目的。费尽力气让观众哄堂大笑，但结果却是劣质的演讲，让现场变成了一个不成体统、上不了台面的演讲，这种事情也并不少见。演讲者只有牢记这些教训，就会找到正确的途径。

演讲当中的幽默除了这些，还有以下两项条件：

第一，构思高品质的幽默。一般的、已经被人们说腻了的玩笑话和喜剧，其目的本身就和此类的幽默不一样。通常说，玩笑和喜剧的目的本身便是引人发笑，有时甚至低俗的、不登大雅之堂的笑话也会出现，有时说出笑话的人甚至还会做出愚蠢的事情，说出一些自毁形象的话。如果真是在以观众为对象的公共演讲当中融入这些因素的话，真不知道会带来怎样不良的结果。即便不是最糟糕的结果，观众也不会发自肺腑的感叹，而是发出像看马戏团的杂耍一样的唏嘘声。与其这样，还不如不在演讲中添加这样的幽默呢！

世界上最好笑的笑话

世界上最有意思的故事是什么呢？这个问题很难回答，因为在不同时期，这个答案都会有所变化。我们首先不妨试着在网上搜索2001年英国科技发展协会（BA）发表的"世界上最好笑的笑话"。它是组织者将一万个幽默故事放在网上，经过三个月的时间、多达七十个国家、十万多人的投票之后，能够以百分之四十七的支持率当选"最好笑的笑话"的，是英国传奇人物名侦探福尔摩斯和他的朋友华生医生的对话。

福尔摩斯和华生医生去野外露营，在帐篷里一觉醒来的福尔摩斯将华生叫醒后问道：

"华生，你看着天空，能看到什么？"

华生："我能看到数之不尽的星星。"

福尔摩斯："那么，你可以推理出什么呢？"

华生："怎么说呢？从天文学的角度来讲，这说明我们的宇宙里有数百万的银河系、数十亿的行星存在着，如果那么多的行星中有一些和地球是一样的，那就意味着地球外也是存在生命体的……你呢，你还能推理出什么呢？"

福尔摩斯："你这个傻瓜，有人把我们的帐篷偷走了啊！"

这个笑话真的有那么好笑吗？从个人角度来说，我并不这么认为。从我们的观点来看，这个故事甚至还有点无聊和尴尬。如果这就是"世界上最好笑的笑话"，那么各位也是完全能够做到的。

第二，要将幽默和所演讲的内容紧密相连。如果说了一大堆毫不着边际的话而观众没有什么反应，那么附加上一句："我给各位讲一个有趣的故事吧。"会觉得有些突兀吧！现实操作中确实有一些人会用这么生硬的方法将幽默带出来，无论怎么说，这种引发的幽默都是不可取的。这里需要非常用心地构思幽默的方法。

我再次强调，我们演讲的目的并不是单纯地使人发笑。使用幽默只是为了完成优秀的演讲，是完成"一句完美的发言"的辅助手段而已。要通过那些手段做出更好的演讲，让演讲者们的能力看起来更加强大而已。

所以，我们也会再三强调在演讲中构思幽默的时候千万不要生硬地使用笑话，要找到那些和演讲有关系的"素材"，然后在讲话的过程中合理地使用这些笑话就可以了。

幽默的"等级"依仗一句话的"等级"　**02**

幽默感是可以培养
出来的

　　要设想好的幽默构思，思路和想法要有一定的规则。如果用心留意观察那些演讲过程当中依靠幽默来抓住观众的演讲者就能够知道，他们看待事物的思路和想法总是有别于他人，会让人感到特别奇特和新鲜。

　　想要构思出富含幽默的演讲，第一个阶段便是从训练带有幽默想法的感觉开始。要思考怎样做才能让观众笑出来，要怎样做才能让观众觉得开心有趣，同一个事物或者现象要怎样表达才能构成幽默，要怎样改变或调整说话的顺序才能够使之变为更加有趣的表达，要理解那些规律并且熟悉掌握那些感觉。

　　针对这些问题，最好的方法便是研究那些人的风格，一定要多听、多看那些蕴含着非常多幽默元素的演讲。如果没有那些过程，单纯依靠自己的感觉来培养幽默感，这将是很困难的。

● 向名讲师学习

在演讲时能够把幽默元素积极地融入其中的代表们，便是所谓的"演讲名嘴"。如果能够将名讲师的幽默技巧当作模板，非常熟悉那些技巧，你的幽默感就会快速地进步。

观看电视喜剧里的搞笑人物在场外进行的公演，这也不失为一种方法。但是各位要学习的并非对话中的幽默，而是演讲中的幽默，所以，更侧重于倾听那些说话诙谐有趣的人进行的演讲才更好。从我的经验来看，比起看那些搞笑人物的表演，从"名嘴们"的演讲幽默中学习到的东西会更多。

著名的演讲者总是能够依靠自己独特的幽默技法来掌握观众的情绪。越是著名的演讲者，就越是能够利用高品质的幽默来让观众发笑，使观众着迷。即便是短短一个小时的演讲，也能够接触到很多的幽默故事，从那些演讲师的演讲中便能够了解到什么是幽默构思。

看有趣的电视表演或是看那些名嘴的现场演讲，就能够非常清晰地感到出其不意的喜悦。"哦，那样表现就可以了。"照着这种方式，你就会找到方法。经常观看、经常收听、经常接触，你会在不知不觉间积累起幽默感，也会对幽默构思产生自信。这样在不断积累内功的过程中，各位的幽默感就能不断涌现出来了。

● 学习为什么而笑，怎样才能发笑

为了熟悉幽默的感觉，我将那些"名嘴"使观众发笑的场面剪辑成录影带，看了一遍又一遍。最近也是一有空就看电视放松自己的神经，仔细分析那些有名的"名嘴"或牧师进行布道的场面。

每个人都有幽默构思的固定模式。看着那些你就会领悟到"没错，我也要用这样的方法"，"同样的情况下，那样说确实会更加有趣"，"如果我也使用这个方法的话，应该也很适合我"，等等。这样一来，幽默构思的方法就会越来越丰富，可以将大师们的那些经验适当地活用在你自己的授课或者演讲中，甚至是日常生活当中。

有一点要注意的是，这时候不能仅仅看着那些"名嘴"的演讲视频之后，只是在心里萌生"利用那种方式引人发笑就可以了"的想法，不要只是想想而已，还要进行更为具体的分析、研究和记录。

幽默的演讲和幽默的课堂气氛都是有共同点的，那就是用最普通的话语构思最高级的幽默。原本用专业性的术语很难构成幽默，那种高高在上、特别专业的语言很难带来绝大多数人的共鸣，要用众所周知的平凡的用语，利用绝妙的组合，将幽默表现给人们。怎样使人发笑呢？要学习那一点。

同样也要学习如何表现才更加有趣，要用什么样的姿态和手势表现，语气应该怎样变化，还要仔细观察和研究用什么样的话语怎样表现，必须要将那些心得整理好并且仔细做好记录。

记录的时候，需要注意的是，不能只记下几个关键词，最好是在笔记本中写下具体的状况描写，也要将幽默构思的方法和内容详细地记录下来，然后一有时间便想着那些名嘴的演讲场面，最好能够将记录的内容时常读出来。那样做的话，你的幽默感就会慢慢地提高。

不仅仅是电视，书籍、杂志、新闻、电影也要相应地多看。此外，还要多加练习和亲人之间对话的方式。不过，这种对话并不是要单单地听着、看着，一定要从"幽默的观点"这个角度来观察；带着要成为幽默构思达人的想法多看电视、多读书，在和他人谈论过去的事情的时候，也能够很自然地生发出新的幽默构思，你会发现这些事物之间存在着千丝万缕的联系。这样，你也会逐渐地成为幽默达人。

稍稍努力就会成为幽默达人

　　我在拉斯维加斯的一家宾馆看到了"V SHOW"这个东西，这是喜剧表演者在观众席中通过走动、即兴进行滑稽表演让观众发笑的节目。因为它太有意思了，一年之后我又到那里再次去看表演。还是在同样的场所，同样的人物用同样的方法进行着同样的幽默。如果非要说有什么差别，那就是观众了，可我这次却感觉没有像上次那么好笑……各位也利用这样的秘密吧！多准备几个笑话，在适当的时机运用，那样，各位也可以随时成为幽默构思的高手。不过一定要记住，不要犯将同样的笑话讲给同样一群人的错误。

——《赢在幽默》

有备无患地准备幽默，
随机应变地即兴幽默

　　幽默分为在演说现场即兴构思的"即兴幽默"和准备好幽默构思的"准备幽默"。

　　如果是即兴构思的幽默内容，事先已经在头脑中录入，那便是"准备好的幽默"。实际上，即使是即兴幽默也是事先准备好的情况比较多。在这种情况下，可以做出分类，分析好你所面对的幽默到底是属于两种类型中的哪一种。

　　区分即兴幽默和准备幽默的标准在于：幽默的内容是在何时输入大脑的，是为了活用幽默而有计划地在头脑中准备的，还是在演说现场直接构思的幽默。举例来说，如果是在很久之前从书上看到或是通过经验而获得的资料，将那些记在脑子里活用成演讲当中的幽默，那就是"有计划的准备"，由此也叫准备幽默；而在现场状况下的反应，"即兴产生的幽默"，那便是即兴幽默。

● 搜集、管理、变形：准备幽默

将平时经历和搜集的有意思的故事，在演讲现场有计划地活用，这种情况便是准备幽默。幽默手册上的材料或是利用网络上的现有的幽默，便是这种准备幽默的代表。

即兴幽默要依靠演讲人的幽默感、言谈能力和素质等作用，需要一定程度的对幽默的感知；但是准备幽默只要付出努力，任何人都可以轻松地进行构思。

想要做好准备幽默的人，就如话语一样，要时刻进行"准备"。如果平时不搜集和整理幽默，这几乎是不可能做到的。我的经验就是，在电脑中单独建立一个文件夹，不断地搜集、整理一些幽默故事，然后将那些存好的幽默资料变成自己的各式版本进行活用。这样就可以提高自己在演讲方面的才能。试想一下，世界上哪里有不付出努力就比别人成功的事情呢？

● 用成熟的感觉找到要点，即兴幽默

即兴幽默是以在演讲现场获得的即兴信息为基础，充分利用聪明才智进行的幽默构思。从这个意义上讲，即兴幽默也可以叫作"现场幽默"或"才智幽默"。

即兴幽默的生命就在于"现场感"，在演讲现场瞬间捕捉灵感活用"幽默要点"。能够对现场状况做出敏捷反应、有正确感觉的人，他们瞬间捕捉能力一般都很强，所以在即兴幽默方面也会相应地很在行。像这样擅长运用幽默的人，才称得上是真正的幽默家。

但是就像前面说过的，即兴幽默并不是一定要在现场构思幽默，反而经过长时间的积累和经验，将许多东西复合作用之后，即兴表现出来的情况比较

多。所以，即兴幽默中的很大一部分还是可以说成是准备好的幽默，就像前面提到的一样，只是根据活用的角度和现场情况而有所区分。

　　一般的幽默构思技法是多种多样的，单单经由我调查和分类的幽默也有三十种之多。实际上，如果不是要成为专门的喜剧演员，日常生活中并不需要将那么多的技法全部熟悉并灵活掌握。

　　既然准备幽默是有计划地进行构思的，这里就只谈论一些例外情况。最让人难以处理的便是即兴演讲的情况。要将即兴演讲进行得完美，要使用哪些幽默技法呢？如果技法过于繁多复杂，是很难在实际状况下使用的。在紧迫又紧张的"即兴的状况"下，哪里有那么多的时间从头脑中搜索那些纷繁复杂的技巧方法呢？在这里，我只介绍两种简易的方法。在即兴演讲时，只要活用好这两种幽默技巧，认真学习切实掌握，就已经完全可以巧妙地应对现场情形了。

　　一种情况是，最大限度地利用现场状况，活用并且构思幽默的"状况活用法"；另一种是，将各种单词和用语结合起来，进行幽默构思的"word play（文字游戏）"。

　　如果各位想要做到"一句完美的发言"，那么从现在开始就好好地学习"状况活用法"和"文字游戏"吧，衷心希望各位可以成为这两方面的达人。我敢断言，各位一定可以游刃有余地活用这些东西。

幽默的"等级"依仗一句话的"等级"　　**04**

那里有答案：
利用现场状况的幽默

在第二部分介绍了关于即兴演讲的情况，毫无准备的人想要做到"一句完美的发言"，非常重要的一点就在于即兴，即从你所处的现场当中找到答案。我们继续这一点，现在开始学习幽默的"状况活用法"吧！

形成一句话的"即兴发挥"中需要活用的素材很多。试想，在进行一场演讲的场所里，现场都会有哪些人呢？有观众、演讲者；有现在正在说话的人，还有即将要发言的人；还有他们的话语和行动。除此之外，还有很多，那就是其他状况，比如天气、场所，还有当时的气氛。最后，还有最为重要的，那就是各位自己。综合上述内容，便是"即兴发言"当中存在的东西。就像这样活用"即兴发言"中存在的各种状况，在即兴演讲时形成幽默构思的方法便是"状况活用的幽默方法"。

真实案例——"现在那些乐器是什么？"

有一次，作为演讲发言人，我被邀请到了一个由女性团体主办的活动当中，做了一场简短的发言。首先进行的是活动的开幕式，之后就是由我进行演讲。但是那天却发生了突发状况！在开幕式结束之后本该是我的发言，但是主持人却突然说："我们利用幕间休息的时间，一起来进行一项'特别的事项'吧。"当时我很慌张，本来说好的顺序，却突然发生了变动。

这个所谓的"特别的事项"便是萨克斯演奏。原本那次活动是一次非常严肃的活动仪式，却突然有一位男士拿着萨克斯进行演奏。根据现场反应来看，女士们都非常喜欢他的演奏，她们都集中精力，气氛一下子就改变了。他很顺利地演奏了两首完美的曲子，一首是《献给妻子的歌曲》，光听旋律就让人不禁心生怜悯，心里升腾起一阵阵的温暖；另一首是弗兰克·纳特拉的《我的路》（*My way*）。

那演奏好像很好地解读了女士们的心思一样，她们闭着眼睛陶醉其中！随着演奏结尾的到来，女士们依然深陷音符的魅力之中无法自拔。很明显，整个现场是一片依依不舍的氛围。

照这样下去，我出场的时候就会很难堪。很明显，我的发言会逊色很多，想想吧，音乐会和演讲会究竟哪个更有魅力。女士们到底倾心于哪一个，这是显而易见的事情。在听了优美的音乐之后，再听一个男人毫无趣味性的演讲？想要大家提起兴趣的话，那还真是很困难的事情，这简直就好像一个名人的演讲之后出现一个无名之辈不成系统的发言一样的尴尬。

这可怎么办呢？不知道别人怎么评价，反正我就是不喜欢音乐。我的大脑迅速地转动起来，要怎样开始我接下来的演讲呢？无论怎么做，一定要让现场的气氛集中到我的身上才行啊！这种状况下，最好的方法是什么呢？没错，想来想去答案只有一个，那就是幽默。

演奏结束后，现场果然爆发出雷鸣般的掌声。紧接着，主持人开始介绍我，我慢慢地走向讲台，然后露出灿烂的微笑，开始我的演说。

"音乐，真的很不错。如果音乐无处不在那就好了。"

于是现场有共鸣的笑声传来。我继续说下去：

"刚刚那乐器是什么呢？"

我这是明知故问，显然我的言外之意从观众那里得到了确认。

"萨克斯！"观众们齐声答道。

听到答案之后我紧接着说道：

"以为最能够让人兴奋的是sex（性感），没想到萨克斯也可以啊！"

观众们当然会哄堂大笑。（这两个音很相似。）

笑声渐渐降下去之后，我紧接着说出了自己的演讲内容。

"刚才那位先生演奏的第二首曲子是*My way*？"

"是！"观众回答道。

"好，那现在就将兴奋的情绪压下去。My way！继续我们的道路吧。"

观众又一次大笑。

之后的演讲，当然并不逊色于萨克斯演奏，一直保持着很好的状态持续进行了下去。

我举这个例子，只是希望读者能够从这样一个简单的事例当中学到"发言"、"现场"、"幽默"这三者的关系。这就是状况活用的幽默方法的典型事例。

让我们回顾一下现场状况吧！本来是继续发言环节，但是突然顺序被延迟了。延迟的原因便是萨克斯演奏。很显然，萨克斯演奏将现场气氛带向高潮，之后的无趣演讲如果继续下去，那必定会对演讲者很不利。为了扭转这种状况，演讲者就要开始构思幽默。那些幽默素材便是在即兴（现场）状况中寻找到的。

"萨克斯演奏和观众的兴奋"，将"兴奋"这样一个关键词和"萨克斯"与"sex"联系在一起，如此构思便形成了幽默。这样，现场氛围也就掌握在了演讲者的手中。

虽然这个幽默是在现场即兴构思的，但是很严密。

"音乐，真的不错。如果音乐无处不在那就好了。"

这样说的效果，便是能够迎合观众的心理，激发出观众和演讲者是同一种心理的认同意识。

然后，抛出"刚刚那乐器是什么"的问题。现在开始，便进行了"作业"进程，演讲者的目的，是想要通过观众的话直接确认"萨克斯"这样一个单词。在听了观众的回答之后，再引出早已经藏好的关键词"sex"，这样就能够引发现场的笑声。

当然，还远远不仅仅如此。

"好，现在将激动兴奋的情绪压下去。My way！继续我们的道路吧。"我说了这样的话。第二首歌曲的名字，我并没有问观众而是由自己直接说了出来，以便和自己的演讲联系起来。紧接着将"压低兴奋的情绪"这样一个意见轻轻带过，此时观众心理还保留了"萨克斯演奏"和"sex"的残影，于是又一次引发了笑声。

如果是利用状况的即兴幽默，总是有从笑点较低的想法开始思考的倾向。但是事实上，在即兴幽默的状况下，反倒能够更好地引发观众的笑声。准备好的幽默在某种程度上有一些刻板的效果。想要构思好即兴幽默，需要演讲者将自己的才智和内功，以及瞬间的爆发力直接体现在现场状况下，这样对于演讲者的感叹便更容易爆发，而且也会更加强烈。所以，试图做到"完美的一句发言"为目标的人要好好学习"情况活用的幽默方法"，并且要能熟练地掌握，能够运用即兴幽默的人，很容易会成为"名嘴"。

● 特殊状况下产生特殊幽默

再介绍一个事例。

　　我所了解的一个公司，邀请了名人为职员做有关个人修养的讲座。但是有一次，演讲者却迟到了五分钟——没有人喜欢演讲者迟到。当然，教育进行者此时心情很急躁，演讲现场的氛围也很尴尬。于是演讲者站在台上，对于自己迟到的原因做了如下陈述：

　　"这次迟到，我真是抱歉。通向首尔的高速公路实在太拥挤了，所以我迟到了。我代替交通部官员和首尔市长向大家表示诚恳的歉意。"

　　简简单单地说交通部长（这时候没必要使用"建设交通部长官"这样复杂的称谓。政府部门的名字总是在做变动，而且比起其他称谓来说，话中的称谓，观众更容易理解，多用这样的单词才是幽默的要领）和首尔市长，以此来引发观众的爆笑，就这样，演讲者轻而易举地抓住了现场的气氛，从而顺利地继续着自己完美的演讲。

　　状况活用的方法就像刚才介绍的事例一样，能够将当天、当时、当场的氛围活用之后找到与之对应的幽默素材来引得观众发笑。不过，即便是在同样的状况下，在一些普通寻常的状况中想要找到幽默素材，也并不是一件容易的事情，因为幽默的素材在特殊的状况下往往不大容易被发觉。

　　特殊状况不是别的，正是能够引起现场观众关心、吸引大家视线的状况。举个例子来说，如果观众中有人没有关掉手机而铃声响起来的话，那就是特殊状况。如果那时候只是想着"真烦人"，存有这种反应的演讲者无疑就是个业余选手。记住，一定要将特殊的状况变成幽默的素材，变成活跃演讲气氛的素材。进而，在遇到特殊状况的时候要想着："可以构思特别的幽默素材的好机会来了！"以这样的角度，换一种思考方式，然后再思考怎样巧妙地利用好那些素材构思出幽默，自己迅速地在头脑中思考回应，这样的做法才是专业级的选手。

　　有一位讲师站上演讲台之后听到观众席之间有人的手机铃声响了，那是一阵急促的音乐声。站在讲台上的演讲者突然说出了这样一句话：

　　"我上来后，不会是还要有迎宾曲播放吧？"

这样说的话，观众当然会笑出来。

在需要活用的"状况"中，对象也有可能是人，这种情况也很多。作为对象的人可能是观众，也可能是之前做演讲的人，还有可能是在演讲者之后进行发言的人。如果这些人之中有人发生了特殊的状况，同样也可以将其活用好变成幽默素材。

再举一个事例进行说明。

在一次残障人士团体活动仪式的现场，有一个因为演讲出色而作为后援会长出席的人。在他站在演讲台上进行发言的时候，当地的国会议员因迟到而慢慢入场。在活动进行中途有国会议员到场的话，观众的视线当然会转移到迟到者的身上，气氛变得松散起来。他停顿了一下，等国会议员先坐下，然后就这样继续演说，当然是引人发笑的方式：

"好像是某某议员为了鼓励大家才到来的，某某议员因为忙于公事，还要跑到这么远来参加本次活动，因此才迟到了一些。既然迟到了，作为补偿，今后一定会扩大对残障人士的福利保障吧！（笑）更何况不是还有大后年的选举吗（爆笑）？"

这些特殊状况，即国会议员迟到，演讲者将选举事宜和本次活动的举行目的很好地联系在了一起，同时形成了非常好的幽默效果。

如果进行演讲的话，就会发现其实大部分的观众都会对演讲内容集中精力倾听，你也会发现每个人都是不同表情的，不知道为什么有些人会因为不满而怒视着演讲者；也有这样的人，总是想挑起是非，问一些根本称不上问题的问题。如果遇到这样的人，演讲者真是无可奈何了。

相反，你也有可能遇到很友好很有趣的观众。他们会配合着演讲的进程时而点头，时而赞同进行着呼应，还有一些观众甚至会说"对的"、"没错"、"太棒了"等回应，像这样热情的观众真是非常友善。他们不仅仅能够为讲师带来更多的热情和活力，还能带动其他观众的情绪，引发出哄堂大笑。演讲者们习惯将这些人称为"同行"，或者将其比喻成在说唱表演中进行呼应的、体现唱歌的人的气质，能够带给观众欢乐的"鼓手"。

要留意不同类型的观众，在他们的反应中获得特别的事件，之后再将其运用到幽默素材的构思中，这也是个很好的办法。

注意身边那些特殊的状况，那是发挥演讲素材和幽默的引子。在特殊的状况下，你能够找到多少幽默素材，就决定了演讲成败的关键。

● 状况活用的幽默公式

在现场活用状况，在瞬间利用才智构思出幽默看起来就是即兴幽默。如果进行仔细分析的话，那之中必定存在一些特定的规律和顺序。而所谓在那瞬间体现的瞬间发散性质的东西，这便是即兴幽默。虽然并不是所有的现场幽默都有着同样的规律，但是大概按照以下步骤进行的话，就会制造出幽默感。

1. 关注状况。关注于能够体会到的一些特殊状况或者一些特殊的氛围。

2. 想着幽默。如果遇到那些状况就要抓住时机有意识地进行"幽默构思"。

3. 联系起来思考。通过联想作用，将状况的核心和幽默要素结合起来。

4. 构想幽默表现。以在获得联想作用下形成的结果为基础进行恰当的表现，即选择词汇、内容和语序。

5. 表现。加入语气、表情、姿势等来表现幽默。

幽默就是通过以上的过程来进行构思的。不信的话，我不妨再举一例来说明。

我出席过一次"预防虐待老人中心"的开业仪式。到达现场后我发现，几乎看不到什么老人，反而都是一些和社会福利有关系的人。之前发言的人说的都是一些关于"老人虐待的问题和现状"、"社会福利的作用"、"个人尊严与价值"、"老人自我关爱"等不知所云的专业用语，要不就是一些"带着使命感工作吧"的号召。总之一句话，那些演讲非常无趣。

看一看策划部为我准备的演讲稿，也和那些无趣的讲演差不多。我看看周围，想找一些有趣的事情。要怎样表现才能够既有趣又能够给人以训诫，使人印象深刻呢？

这时候，进入我视线的便是"预防老人虐待中心"横幅上的几个大字。"没错，就用那些做演讲吧！"这样做好准备的我，在轮到我演讲时说了这样的话：

"预防老人虐待中心，就像名称一样单单关注防止老人被虐待，这样是远远不够的。社会工作者们在实现社会福利的工作上面，首先要迈出的第一步便是实现'老人福祉'。不应该是'老人虐待'，而应该是'老人善待'，从而变成老人善待中心。"

于是在场的人士都纷纷报以掌声和欢笑。将"虐待"这一个单词包装，变成一种高品质幽默的表达方式，也含蓄地传达了致力于福祉人士应该具有的姿态和本应起到的中心作用。

将这个幽默按照前面的幽默构思顺序来分析一下。

1. 关注状况

等待着发言的顺序，环顾一下周围的状况，开始思考能不能找到什么有趣的表现。要怎样表现才能够既有趣又能给人带来启发。那时候，进入我视线的便是横幅上的"预防老人虐待中心"几个字，于是我迅速将注意力锁定在了那几个字上。

2. 想着幽默

对了！想到要利用"预防老人虐待中心"来构思幽默的表现。要在心里有意识地想着"要让他们笑一笑"，开始急速地发挥头脑中的幽默想象力。

3. 联系起来思考

"老人虐待"就像这个词所说的一样是"虐待"，开始思考要怎样将其与老人的问题联系起来，于是我立刻从"老人虐待"这个关键词中想到它的反面，即"老人善待"。

4. 构想幽默表现

决定利用"老人虐待"和"老人善待"这样的对称用语来引发观众们发笑，所以我决定首先添加能够将表现强度提高的"作为社会工作者的各位应该先致力于'老人福祉'事业"这样一句话。这样，一场完美的幽默构思就完成了。

5. 表现

用轻快有趣的语气和表情来展现。

当然，这并不是说即兴幽默一定要经过这五个步骤。有的时候可以压缩成三四个步骤。我们并不需要有意识地去关心那些，要在自己不知不觉的时候创造出幽默就可以了。

好了，现在大家对于状况活用的幽默构思有自信了吗？如果各位要进行即兴演讲的话，就要利用现场的状况找到答案。再强调一次，那里一定会存有答案，有解开疑惑之门的钥匙。有一句完美发言的答案，也有打开幽默之门的钥匙！

越是找到其他人发现不了的解答和钥匙的人，也就越能够提高观众的欢笑和感叹的强度——知道如何将即兴的情况最大化利用的人就是演讲达人。

自创幽默的佼佼者——
文字游戏

　　有一个人遇到了强盗。当强盗知道他的身上并没有一分钱的时候，这样说道："既然没有钱，那你答对一个谜语我就不杀你。"于是他问出这个问题："古时候三国时代的'三国'是指哪三个国家？"

　　这个人一时回答不上来，于是强盗拿出了刀，有生命危险的被抢劫者瑟瑟发抖地答道：

　　"是要抛开我的肚子吗？"

　　强盗点了点头，放了一条活路给他。因为他听成了"百济，新罗，高句丽"（发音和"是要抛开我的肚子吗"相似）。

　　相信各位也都知道这个笑话。当我把这个故事写到文章中时，虽然感到这会是一个冷笑话，但它确实是个很经典的幽默。我真的很想知道是谁发明了这个幽默。将"百济新罗高句丽"想成"是要抛开我的肚子吗"，看看这奇特的表现就知道他一定是个幽默构思上的天才。这就是所谓的"文字游戏"的幽默，也就是将用词法发挥到极致的方法。

原本喜剧演员的基本就是叫作"pun"的"word play"和"farce"（笑剧）的"搞笑的动作"。这里面的"pun"包含两层意思，即同音异语、戏弄别人或者使人混乱的搞笑场面。比如说，吃的梨、坐的船、人的肚子等将这些混在一起进行嘲笑的笑话。就像这样将一定的用语词汇放到各种场合进行幽默构思，这是幽默构思最传统的方法，也是活用程度最高的方法。

像这种用语演出法也可以很有效地利用在"一句完美的发言"之上。到目前为止，我举了很多自己进行演讲的例子，刚刚嵌入的"老人虐待"和"老人善待"的对称幽默便是用语演出法，即word play。其实并不仅仅是我，许多演讲者在演讲当中都会活用这种方法。在此，强烈建议各位在演讲当中利用这种方法。

Word play和状况活用有相互保全配合的关系，即将状况活用和word play同时使用的情况比较多。前面所说的"萨克斯演奏"和"sex"的例子便是同时运用了状况活用和word play的方法；"老人虐待"和"老人善待"也是一样。

Word play是全世界通用的一种方法。以演讲口才著名的美国总统林肯也出现过一次言语失误，被那些心怀恶意想要引起混乱的记者骂作"Son of bitch（狗崽子）"。愤慨的人们向总统寄去了印着"SOB"的T恤以表示抗议。面对这些，林肯总统笑着回答：

"SOB当然是指'Saving of budget'（节约预算）的意思。我一定会谨记各位的忠告的。"

我强调了很多遍，用语演出法真的是幽默构思当中非常好用的方法。平时如果可以多向自己的头脑中输入一些这种类型的幽默，不仅仅在准备幽默中的用途很广泛，在构思即兴幽默的时候，也会是非常有用的。用语演出法可以细分为以下几种：

● 同音异义、类似语法

法国一位哲学家曾说过："将一件事情解释成两件事情便是幽默。"将一个单词解释成两种意思，或者将发音类似的词语解释成其他的意思，这样就可以构成幽默。这便是"同音异义、类似语法"。

2006年，我在担任煤炭公司总裁的时候，发生了一件噩梦般的事情。那年春天，监事会展开了对煤炭公社的集中监察，于是过去发生的不合理事件和如今发生的不协调事件一下子集中爆发了。社会上的主要新闻和广播都将煤炭公司放在了报道的头条上面。我决定将监察会的检查结果总结一下，而且要一次性洗清过去公司受到的冤屈，于是构想着要进行反驳的机会。

在言论凿凿的时候，记者见面会上有一位记者这样问我："对于监察会的监察，难道您不感到委屈吗？"

我回答道："没有，相反这正好是一个让煤炭公司出名的大好机会。真是'感谢监察会的监察'。"记者们都笑了出来。

这样的用法便符合用语演出法当中的"同音异义、类似语法"。

如果想要进行幽默构思，希望各位可以最大限度地活用"同音异义、类似语法"。仅仅做好这一点，也可以做到完美的幽默构思。这是多种幽默构思方法中活用程度最高的，也是没有幽默感的人能够做到的方法。这种方法在活用程度上都具备压倒性的优势。

再介绍几个事例。

我在担任江原道政务知事的时候，选举管理委员会有意将我列入出任春川市市长候选人。虽然根本没有想要选举的意思，但还是不得不沉浸在那些质问公事的言论当中。当时我作为政务知事正致力于经济活性化方面的工作，那其中便包含了"传统市场的再活跃"。有一次，我将活跃传统市场的对策透露给记者们的时候，却突然被问道："是否有意向出任春川市市长？"我这样回答道："现在的这一时刻，我最关心的不是'春川市长'，而是'传统市场'。"

观众们爆笑，于是我也避免了那些不好回答的问题。

真实案例——将话语反复咀嚼

为了能做好用语演出就要将特定的单词和简短的句子不停地念。反复咀嚼、回味，不断地念就会发现，平时没有想到的，有点愚蠢的有意思的现象。

在做演讲的时候要在活动名称、人物名称、演讲主题、观众特征、场地氛围中寻找有没有什么用语和表现具备其他的意思，要有意识地思考这些，要在头脑中浮现出文字游戏的方法。那样就会发现许多平时没有留意的新的意思。将那些新的意思和原来的意思比较一下，就可以构思成"同音异义、类似语法"。

● 用语幽默解释法

在演讲的过程中使用恰当的用语，幽默的解释就可以诱导观众的欢笑和共感，这就是"用语幽默解释法"。这个幽默构思法很简单而且容易在演讲中被活用。这种技法将根据用语解释的奇特卓越的程度来决定成败。

用幽默解释的事例，问题并不在于怎样解释那些句子本身，而是在实际状况下如何活用。利用这些构思幽默的方法要像前面介绍的"知道××是什么吧"一样的疑问，让观众的头脑中浮现其原本的意思，然后紧接着用"幽默解释"出的意思让观众欢笑。

"用语幽默解释法"中最常用的便是"幽默四字词语"，这和前面介绍的构思法是一样的。

1. 三行诗法

2005年的事情。八十多名情景喜剧演员来到春川开运动会，而我要做几句简单的发言。大热天气，太阳直射，很多"贵宾"都要发言，但全都是千篇一律。

都是这样的形式："六月里，蓝天耀眼，在这个时候来到春川开运动会真是有着很深的意义。就算喜剧演员比较搞笑，但人的健康比起其他的还是最重要。今天，忘记一切尽情地玩耍吧。"这些人都好像是在事前磋商洽谈过一样，都是一个样子，并且还不是简短发言，每个人都说得很长。就像看见了电视中喜欢的演员一样，没完没了地说。是不是有点太过重视自己的发言了？这就是没有要领的讲话。

同样的内容，三四个人发言之后，下面的人就犹如喜剧演员的样子开始骚乱起来。一个发言人刚站上讲台，下面的人就举起拳头朝向天空喊着："短一点！短一点！"因为又热又累，所以无论是贺词也好，激励的话语也罢，千万要简短一点。气氛开始控制不住，场面渐渐变得难看和混乱。但是人们根本不在乎这点，还是一字不落地读着秘书写的演讲稿，真是无可奈何的事情。

还在等待着发言的我知道自己今天准备的演讲稿已经没有用了。像林肯总统在葛底斯堡进行的演说一样演讲，看来也不能适应这种场合了。那要说一些什么话呢？在前一个人进行发言的时候我的头脑迅速地转动起来。然后在不过一两分钟的时间里就想着"没错，就这样说"，于是结束了新的一番构思。到了我的顺序，我慢慢地站在了讲坛之上说道：

"大家好？"

他们大声地回答："是。"

"很感谢各位来到江原道春川。有意义的话前面已经说得够多了，我就用一首三行诗代替好了。题目叫作'喜剧'，请帮我喊韵律。"

于是他们大声地念着汉字，我跟着念出了三行诗。

欢笑和感动是必然的事情。不仅是这样，就连为了来到这里看演员们而围在旁边的观众也发出了感叹。从讲台离开回到座位上之后，已为元老级的喜剧演员对我说：

"是能让喜剧演员爆笑的名演说。"

像这样将单词中的每一个字活用好解释成诗歌来引发微笑的方法便是"三行诗法"。当然,叫作"三行诗法"并不是一定要三行,可以是五行诗、六行诗。三行诗法好像和之前的"用语幽默解释法"相似,但是因为在应用方法上有所差异,所以算作另一种幽默构思法。

2. 创造只属于自己的幽默

前面介绍了很多在演讲中如何活用幽默技巧的方法。但是像这样在书里介绍的幽默,在介绍的那一瞬间已经变成了无用之物。因为其他人也已经知道了,真是可惜。

所以说真的想成为完美一句话的能手,要时刻能够创造出幽默。前面也看到了,我也是在创造特有的幽默,然后根据不同的情况进行活用。如果不付出那样的努力,没有自己的一套做法和秘诀,是不可能引发观众的笑容和感叹的。

创造属于自己幽默的最好方法,其中之一便是创造出"新名词",我很喜欢创造出新的单词。将想象力和创造力结合在一起的"想创力"可以说是代表。我总是喜欢自己创造一些没头没脑的新词语,从而通过这些来引发观众欢笑。

将"我们国家的人有一个毛病,如果亲戚买了地就会嫉妒得肚子疼"说成"我们国家的人有一个不好的习惯,就是'亲人土地购买症'"的话,肯定会百分之百地引发欢笑。

还有,在有关性骚扰的课堂,如果说成"男生中总有一些人喜欢偷窥女生,想尽办法进行一些身体接触"的话,就会毫无趣味可言;但是如果说成"男生中总是有一些人喜欢偷窥女生,想尽办法进行一些身体接触,这就是所谓的'后天性爱情缺乏症'"的话,就会让人觉得很有趣。嗬,这就是借助"后天性免疫缺乏症"进行创新的单词。

在创造新单词的时候可以完全零基础创造,如果太困难,也可以在既存的单词上进行创新来派生出新单词。

　　前面我介绍的"亲人土地购买症"是纯粹的创造，但是"后天爱情缺乏症"都是在既存用语基础上派生出来的。

　　如此，文字游戏还是依靠自己创造幽默的方法比较好。只要稍微努力，人人都可以做到的便是文字游戏。如果想要做到能够引发感叹的"完美的一句发言"，就要掌握许多属于自己的词汇。那并不是单纯的幽默材料，它甚至可以成为反映演讲师看世界角度的哲学性思考。

　　无论如何，希望各位可以多多开发出属于自己的特有幽默话题，那是通往专业的道路。

这种时候，能够说句这样的话！
——案例分析

利用前面所学的东西，日常生活中要将一句话说成完美的发言的情况并不是很难做到。无论是公事，还是非公事的活动，以及聚会当中的问好、祝词、激励词、讲课等，按照前面所学的要领去尝试的话，一定程度上还是可以引发观众的感叹的。

本书的第六部分将介绍一些实际生活当中具体发生的演讲事例。例如，在举杯庆贺时、自我介绍时、主持活动时、祭祀时……

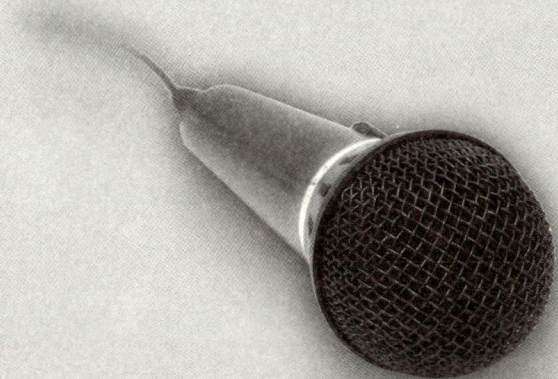

祝酒词和举杯
祝贺时的用语

    在日常生活中，最能够体现"一句完美的发言"的场合便是举杯祝贺的时候，在一般的酒席场合都会进行举杯祝贺。最近不仅是在酒席、一般的活动仪式上，平时大家举杯庆贺的情况也非常多。在职场当中遇到的公事活动就更不必多说了，主妇们的同窗会上也开始提议干杯庆贺。以前，祝酒词往往都被上司和主持人包揽，现在不同了，祝酒词往往也要大家轮着说。因此，无论地位高下，大家都需要事先在大脑中准备好别出心裁的祝酒词，这才是明智的做法。

    如果平时不稍稍进行一些准备的话，即便是遇到简单的举杯庆祝的情况，也难免会慌张。如果被突然提名的话，甚至还会在一瞬间闹个措手不及。祝酒词很特殊，后面说的人基本上不能重复前面人的话。如果平时做好准备，这倒是一个能够让大家对你刮目相看的好机会，希望可以趁这个机会向各位介绍一下祝酒词的基本原则。那么，无论是在何种场合下，大家对于祝酒词这种类型的发言就能得心应手、运用自如了。

　　社会生活很丰富的人，在日常生活中总是预先在脑子里准备好、储藏着一定量的祝酒词。这就好比遇到"唱一首歌"的情况一样，人们往往会在日常生活中从"千万首歌"中挑出一两首作为自己的"压箱底"，以备随时演出。

● 祝酒词的要领

　　H以擅长祝酒词而出名。仔细留意和分析一下他的祝酒词，你就能够发现其中有一定的规律。他总是按照以下的方式进行干杯的提议：

　　"我来提议，请举起酒杯。在今天这样一个意义深刻的日子里……（省略：简短的一句话）"

　　从这种意义上说，我将三种意义包含在这杯酒中。

　　第一……第二……第三意味着……

　　那么，我们的干杯口号就是"为了"。

　　我说"为了"之后请各位想着三种意义，然后大声地呼唤三次"为了"。

　　我们来仔细分析一下H的战略。

　　第一，注意力集中。"我来提议，请各位举起酒杯。"

　　第二，一句话。（简短：省略）

　　第三，添加意义，即举杯提议。在这杯酒里添加三层意思"第一……第二……第三……"

　　第四，干杯口号："干杯口号就是'为了'。"

　　第五，口号的要领：我说"为了"之后各位也想着三种意义，之后大家齐声喊三次"为了"。

　　第六，大家一起实施："为了！"

　　H举杯提议的核心要领就是将"意义"藏在酒杯里。这时候我们要好好地分析一下聚会的性质，添加一些完美的意义。当然并不是一定要三种才可以，简单一点说也可以。喊一次干杯口号也无妨，在那种情况下按照以下的形式便可以。

我来提议，

请各位举起酒杯。

在今天这样一个意义深刻的场合里……（省略：简短的一句话）

在此种意义上（或是"将这种心意放在酒中"）我提议大家干一杯。

干杯的口号就是"为了，为了"。

完美的祝酒词可以体现提议者的性格和风度，根据时间、场所、状况（TPO），主题要适当地进行变化。祝酒词的选择一定要符合当时的状况，而且还要简单明了，要可以真诚地表达出提议者心情的一句话；没有必要为了说得完美就构思得特别复杂，或者故意想出一些让人摸不着头脑的话语。

在进行祝贺的场合，要说出真心祝贺的话；在离别的场合，要恰如其分地表达好自己的不舍之情；如果要是有才智、有幽默效果的话，就更是锦上添花了。

有一些人在所有人都举杯的时候，还自顾自地长篇大论。如果把大家都知道的事情，反反复复说得特别长，那就真是太不识趣了。

● 创造属于自己的干杯口号

最近，干杯口号变得多种多样。在网上我们也会看到各种各样的口号。最基本的就是大家所熟知的"干杯"和"为了"等模式。当然，这些也可以根据聚会性质的不同，变形之后说得更加生动有趣。

举个例子来说明，"为了"这个模式，首尔大学毕业的人或者首尔市公务员们说成"为了首尔的发展"，高丽大学毕业的就说"为了高丽大学的发展"，延世大学毕业的就说是"为了延世大学的发展"等模式，可以按照这种方式进行变形和活用。

如果干杯口号不必非得遵循固定格式的话，根据聚会的性质和氛围变得更加有才智、更加具有幽默效果也是很好的。

但是有一点要注意，在网上或是笑话书上找到的变形说法最好还是慎用。变形之后的说法如果被滥用的话，不仅不能引发观众的感叹，反而会使现场气氛变得尴尬和难堪。

如果想让干杯口号给人留下很深的印象，最好是自己直接创作。如果没有那样的自信，就还是保持稳妥，直接说"干杯"或者"为了"等之类的平凡普通的口号就好了，在祝酒词的意义赋予上面多下些功夫就可以了。

怎样创造干杯口号呢？很简单。简单想一想，便会有干杯口号的灵感来临。

干杯口号的类型有"基本型"（"干杯"、"为了"等）、"三行诗型"（前进吧，为了国家、家庭和自己）、"口号型"（机会/危机），等等。根据需要干杯的情况的不同，任何人都可以创造出好的口号。

特别是利用好当时的流行词汇，就可以创造出更加独特、更具有时效性的口号。举个例子，某位主教逝世的时候说了一句以"感谢，请相爱吧"为主题的话，至今让人印象深刻，如果各位进行祝酒词的话也可以按照以下的方法来说：

"不久之前，某位主教逝世的时候说了一句'感谢，请相爱吧'，我们公司的职员也应该秉承这句话的精神。要对来到我们这里的顾客怀着一颗爱心，职员之间也应该互相关心爱护，创造出一番其乐融融的景象。从这个意义上讲，我的干杯口号就是'感谢，请相爱吧'。在我说'感谢'之后，希望各位一起喊出'相爱'。"

于是在一部分人喊了"感谢"之后，剩下的人就喊出了"相爱吧"来作为回应。

怎么样？现在各位也能够创造出"干杯口号"了吧。

以下口号是将网络等媒体的口号分类整理之后列出的。我并不是要求各位将这些都能活学活用。当然，只是在必要的时候可以活用就可以了，最重要的还是从中掌握学习的一些要领，创造出属于自己的干杯口号。

　　干杯口号要根据单场活动的目的和状况进行活用。如果是离别的场合，可以喊出例如"何时何地/要幸福"之类的口号，在结婚典礼上可以喊出"朋友啊/我爱你"之类的口号。问题的关键在于要有才智，要有决心与其他人喊出不同口号的意志和热情。

基本型：

★　"干杯！"

★　"为了！"

★　"加油！"

三行诗型：

★　"为了祖国、家庭和自己！"

★　"为了你我这珍贵的见面！"

★　"为了甜蜜真挚的明天！"

★　"分享爱和友情！"

★　"怀着不变的爱再见！"

★　"祝愿我们的生活健康有趣！"

★　"爽快一点，不要慢慢吞吞，一口气喝完！"

流行语型：

可以利用当时的流行词汇或是电视新闻中经常出现的用语作为举杯口号。

★　"为了我们生命中最辉煌的时刻！"（电影名）

★　"自己能做到的，不多不少，喝下去吧！"（Wonder Girls正流行的时候）

口号型：

"干杯"和"为了"等模式，虽然也是干杯口号，但我在这里所说的是提议人所倡导的，以及出席人所倡导的一些其他类型的干杯口号。

★ "将危机（干杯者）！" / "变成机会（出席者）！"

★ "年龄啊！" / "走吧！"（年纪大的人的干杯口号）

★ "2012年！" / "走好吧！"（年会的口号）

★ "九九八八！" / "两三日！"：健健康康活到九十九岁，病两三天之后快点好起来吧！

★ "九九八八！" / "二三四！"：健健康康活到九十九岁，两三天内死去吧！

★ "四五正！" / "五六岛！"：四十五岁开始继续专心工作，五十六岁开始就会有所收获。

配合聚会性质的口号：

例如，在夫妻双方都参加的同学会当中，可以利用以下干杯口号活跃气氛。

★ "你真帅！"：为了你，一定要活得潇洒！

★ "男尊女卑！"：男人存在的目的就是为了满足女人的需要！

★ 男人存在的目的就是为了给女人付款！

★ 尊重丈夫，女人就会成为王妃！（这是我创造的解释。）

好，到现在为止已经学习了祝酒词的要领和干杯口号。如前面所说，在日常生活中多准备一些干杯口号，在真正的场合就能够说出属于自己的独特的举杯口号。现在各位不妨就开始思考一下将哪些话语作为自己的干杯口号吧！

● 这种时候，能够说句这样的话！——案例分析

02
自我介绍

在一个聚会上，新入会的几个人要进行自我介绍，P一时间成了大家关注的对象。不知道为什么，他显得如此慌张，自我介绍的时间竟然超过了五分钟。他完全不知道，大家表面上是在侧耳倾听，心里不知道已经责怪他多少遍了。进行自我介绍的其他几个新会员也都是差不多的情况。如果说和P有什么差别的话，那就是他们的介绍显得过于简短，甚至连具体信息别人都不知道。

人生在世，要进行自我介绍的场合可真不少。在新任职的公司，在同窗会等各种社交场合都要进行。自我介绍通常是以第一次见面的人为对象。如果自我介绍进行得很好的话，就会给人留下深刻的印象，引发别人的好感。相反，如果只是草草地结束自我介绍，或者将其拖得很长的话，就会失去一个展示自己的绝好机会，甚至连第一印象都会被完全破坏掉。

自我介绍的内容和祝酒词一样，还是在日常生活中有所准备才好。毕竟，要具备这种程度的准备才能称得上是"专业"呀！

★ 搬家的计划，家族展示结束。

根据不同的状况，介绍的内容和顺序虽然有所变化，但是大致还是按照以下的方法进行自我介绍为好。

★ 首先说出自己的单位和名字。

★ 说出问好的话语和感谢的话。

★ 简略说一下自己目前这段时间在干什么。

★ 未来的计划、希望、梦想等等。

★ 根据聚会的性质，也可以稍微说一些家庭琐事。

★ 说出和他人有着明显不同的地方，或是想要传达给其他人的信息。

★ 完美结尾。

其实并不一定要遵循这样的顺序和内容。自己的头脑中做出"搬家的计划，家族展示结束"就可以了，也就是"名字—问好—正在做的事情—计划—家族关系—特长—结尾"这个模式的简写。

记住这些吧！自我介绍其实可以很简单。

● 做好自我介绍的方法

在介绍中加入的内容和展开的顺序会根据不同的场合而变化，无论做怎样的调整和变化，一定不能忘记核心，也就是给人留下好的印象，尽量展现自己优秀的一面。

1. 要让别人尽可能地记住你的名字。

在自我介绍当中，如果能将自己的名字清楚地介绍给别人也是一件成功的事情，问题是如果单单说出名字、一笔带过的话，别人是不可能印象深刻的。

2010年，在准备江原道道知事竞选事宜的时期，我参加了一个女性团体组织的活动，这是一个讨论会性质的聚会，参加聚会的是一些预备候选人，当时会场弥漫着一种紧张的气氛。开始之后，主持人要求每个人做一分钟的自我介绍。轮到我的时候，我这样说道：

"坐在这个位置上，我真是感慨万千。因为我上大学时候的外号便是'道知事'。为什么呢？我的名字不是赵宽一吗？知道当时江原道出租车牌是什么吗？'江原冠（宽）'。"

因为道知事的汽车牌号在"政府的车辆中是第一"，所以是"冠（宽）"。通过我的名字"宽一"和牌照号码对比形成了一个引发观众欢笑的幽默，当然我的名字也给其他人留下了深刻的印象。说起来，那次真是一次完美的自我推介活动。讨论会结束后，我也从很多人那里接受了"从名字开始，就是个很了不起的道知事"这样的称赞。

为了让其他人清楚正确地记住自己的名字，像这样掌握独特要领、进行具有独特风格的自我介绍是一个很好的方法。有的时候，你也许可以将自己的名字做成三行诗介绍给其他人，这也是让其他人记住自己的好方法，还可以活跃现场气氛。

2. 尽可能地使用一些新奇的文法句子。

比如，像日常生活中接触到的广告词一样，你可以让自己想要表达的信息，模仿大街小巷都会收看、收听到的广告语那样，用简练浓缩的形式来进行表现。

3. 重视初次见面。

很多情况下，做自我介绍意味着大家是第一次见面，或者互相还不是很熟悉的关系。如果在这种状况下急于取得进展，可能会全盘皆输，而且也没有必要说出一些过于浮夸的话语来给自己增添光彩。如果第一次见面就说一些天花乱坠的言论，是很难让人产生信赖感的。

在三十岁的时候，我和其他两位成员接到了到其他事务所工作的指示。上岗的第一天，事务所的人为了欢迎我们而特意召开了欢迎会。在这场欢迎会上，和我一起接到调职指示的Y君却出了问题。他的职位并不高，在第一次见面的时候就开起了同事的玩笑，进行的自我介绍也不伦不类，让人感觉特别没有礼貌。之后的日子里，同事们还是经常提起那天的情况，Y君在扭转自己形象上面也是下了不少的功夫。

我们是可以稍微添加一些幽默的、有技巧的内容进行自我介绍。但是，如果过于油嘴滑舌或者介绍时间很长、没有礼貌的话，这些无疑都会影响你整个人在别人心中的印象。一句话，自我介绍一定要像初次见面一样有礼节。

4. 要落落大方，谦逊有礼。

初次见面，谦逊有礼是很重要的。所以，一定要摆正自己的姿态；说话的时候不能随意扭动，也不要将视线随意变换；要认真地看着你说话的对象。吐字要清楚，语气要柔和，语速不宜过快，大大方方地进行自我介绍就可以了。

5. 一分钟之内结束。

当下社会中的公司在进行新人面试的时候，规定自我介绍必须在一分钟或者一百秒之内完成。由此可见，自我介绍应该简短并且含金量高，没有人喜欢过于冗长的客套话，一分钟就足够了。思考一下，要怎样在一分钟之内介绍好自己呢？想一想在自己的介绍中到底要添加哪些内容才能更加出彩吧！

6. 不要落下重要内容。

刚刚结束自我介绍回到位置上时，很多人都会后悔不已地说："啊！我忘记说一句很重要的话了——不对，我甚至连名字都没有说！"无论是谁都会觉得万分后悔。在各位进行自我介绍的时候，千万不要忘记了"核心"所在。好好检查一下在一分钟之内一定要包含的内容都有哪些吧！

各位也创造一些有意思的句子吧。在职场当中，自我介绍的机会太多了，能否让听者觉得眼前一亮，迅速在他们心中给你一个高分的评判，这取决于你日常准备的自我介绍是否具有新意，能否打动别人的心。还等什么呢？从现在开始，就认真地为每一次闪亮登场做足准备吧！

03
主持活动

这种时候，能够说句这样的话！——案例分析

回想一下，到现在为止，我参加过很多活动仪式，也做过许多次活动的主持人。并且，我也经历和目睹过许多人在活动现场出现的荒唐事件。

主持人本来应该说："朝着讲台上的国旗，大家请起立。"但实际上，现场并没有国旗，这让在场观众觉得很尴尬，甚至一头雾水；主持人说"让我们跟着伴奏一起唱国歌"，但是音乐却没有响起；还有，主持人说出"向国旗敬礼"之后，忘记了接下来该说什么，因而变得万分慌张，一时成为在场观众们纷纷发笑的笑柄。如此多的尴尬事真是不胜枚举，我遇到过这种荒唐的场面实在很多。

本来是去讲课，但是主持人将我晾在讲台上，他甚至还说一些不知道是赞美还是无聊的话，自顾自地长篇大论一番；还有主持人甚至说出"他早期曾以优秀的成绩毕业于江源大学"等这些与事实不符的话，弄得观众不知所云。

● 活动顺利进行的灿烂花朵——主持人

不久之前，我参加了一个就职仪式。因为出席者全部都是年长的人，所以，他们说话难免含混不清，而且现场的气氛也很混乱，显得毫无秩序。但是，一个看似年过七旬的主持人上台之后却完全掌控了现场气氛，我不知道该如何形容才能把他作为主持人的优秀表达出来。他看起来是一位很有才能的人，在活动结束后，我赶紧上前去跟他打招呼，通过交谈才知道他是一位退休的公务员。如果不是他的话，整个活动肯定会搞砸。

主持人是使活动顺利进行下去的重要人物，但是他的工作并不能只停留在"进行"的层面上。他是掌握活动整个气氛、处于重要位置的人。所以我认为，主持人是"使活动顺利进行的灿烂花朵"。

但是主持人也要讲究"一句完美的发言"吗？当然要讲。主持人并不是单纯地在汇报活动顺序、活动安排的人，他们必须要说一些虽然简短但是很经典的话来提升活动的品位和层次。让活动顺利进行只是主持人的职责之一，让自己说出的话富有水准，才能引发观众的感叹。而且，因为这些富有水准的主持词，在很多场合下，你还可以因此而提升自己的形象，得到观众的广泛认可。

真实案例——主持演讲应该怎样做呢？

下面是在一本书中介绍的有关主持演讲应该怎样做的观点，大家可以作为参考。事实上，有一些和我意见相左的地方我本来想绕过去，但是为了可以介绍好主持演讲的要领，我也就将事例进行罗列，直接进行对比说明。至于您会赞成哪一方，各位在心中做出判断就可以了！

1. 开始阶段

"大家好。我是今天的主持人"珍男"（绝对珍贵的男人）×××。"

2. 吸引大家的注意力阶段

"作为主持人，我首先要感谢莅临本次活动的各位嘉宾。此时此刻，我和为了不断提高自己的能力而努力着的各位是一样的心情，我很期待接下来那些生动有趣的、可以发人深思的演讲。"

3. 题目提示阶段

"今天演讲的主题是'成功的秘诀'。"

4. 必要性提示阶段

"所有人都会很向往成功，但是并非每个人都能够做到这一点。那么，我们到底要如何才能走向成功呢？在通往成功的道路上，到底有没有什么秘诀呢？今天我们邀请到了在这一方面卓有建树的专家，针对'成功的秘诀'这一主题为大家奉献一场精彩的演讲。"

5. 演讲者介绍阶段

"今天为大家带来精彩演讲的，正是大韩民国演讲界首屈一指的成功人士。他现在正在××大学等多个学校致力于人才培养的事业，著有《成功学概论》等三十多部著作。各位，能够有机会听到这样一位名人的讲座真是我们的荣幸。接下来，我们就以热烈的掌声有请今天为我们进行'成功的秘诀'演讲的某某先生。"

"各位，（做好姿势面向观众）我们掌声欢迎×××博士。"

或许会有人赞同这样的主持风格，因为每个人的意见和个性是不同的。但是，在我看来，以上主持词还存在着需要思考的地方。

第一，我的感觉是主持人的话太多了。观众想要尽快看到主人公（演讲者）。问题还不仅是这样。各位知道被邀请的演讲者感到最困惑的是什么时候吗？那就是主持人过于夸张或过于冗长地介绍演讲嘉宾的时候。如果主持人过分夸张介绍情况的话，得到的很可能是相反的效果。

第二，主持人不应该透露自己的想法。对演讲进行评论和总结，对于主持人来说这是"越权"的行为。

第三，如果是私人聚会的场合，主持人可以适当增添幽默效果来进行介绍。但是，如果是介绍演讲者，最好还是循规蹈矩、遵循礼节。因为观众当中有可能有公司的董事长。这个时候主持人就没有必要开玩笑地介绍自己了，然后类似于"最优秀的"之类的词语直接用"优秀的"来表达更为准确。

第四，主持人说了太多的废话，真正向观众介绍的演讲者信息有些无聊。

如果我是主持人的话，我会选择说出以下这些话，试着和前面的主持词做一下比较吧！

1. 开始阶段

"各位好！我是今天的主持人×××。"

2. 吸引观众注意力的阶段

"对于职场中的人来说，自我能力开发是很必要的，这早已成为整个时代密切关注的话题，从今天这座无虚席的状况看，各位应该是抱着关心和渴望而来的。为了配合大家这种心理，让大家不虚此行，我们今天特意准备了一场别开生面、极具意义的演讲。"

3. 题目提示阶段

"今天的演讲主题是'成功的秘诀'。"

4. 讲师介绍阶段

"今天为各位进行演讲的讲师是×××博士。博士在演讲界有着很多成功的经历，他毕业于×××大学，获得了博士学位。现在正在×××大学就职，也经常在许多大学以及社会团体中进行演讲。他的著作有《成功学概论》等三十余部。现在，让我们欢迎欣然接受我们邀请的×××博士为大家进行演讲。"

5. 抓住氛围结尾

"让我们以热烈的掌声欢迎×××博士。"

● 在主持演讲当中不能忘记的事情

第一，不要忘记作为主持人的本来身份。

主持人就是主持人，是活动进行的主宰者。所以，所有配合活动进行的事情当然都是职责所在。如果主持人只是在向观众汇报活动进行的顺序，那么他就没有资格担任主持人，也说明他并没有掌握主持活动的要领。

主持人应该配合活动进行的现场氛围来说出适当的主持词，从而提高活动仪式的品位，调动现场观众的情绪。但是，一个合格的主持人并不能过于注重这些。我们发现，总是有一些人在拿了话筒之后，就控制不住自己的情绪，不停地说话。要抑制住那种冲动，不要忘了自己的本分，这才是作为主持人的第一要务。

第二，要有礼貌并且懂得谦逊。

主持人的品格便是整场活动的品格。所以，无论是服装、容貌，还是话语、姿势等，主持人都要遵循礼节。对于语言的选择和运用一定要慎重。

第三，要进行简洁、有节制的主持。

千万记住，主持人固然是要说话的，但是不要说得太多。在活动可以顺利进行的范围之内，尽可能地少说话，这是作为主持人应当遵循的原则。切记不要长篇大论、夸夸其谈，要进行简洁并且有节制的主持。另外，主持人绝对不能进行即兴演说或者即兴的长篇演讲，要根据整理好的台本进行适当活用的主持，这才是有智慧的做法。

第四，可以幽默，但是不要过头。

主持人可以进行演讲的"空间"，便是活动的开头和结束，以及活动进行过程中的空暇时间。这时候，如果主持人能够说一些幽默的话语来活跃现场气氛，那么，便是体现主持人能力的时候。但是，切记不要开不合时宜的玩笑，以免让观众觉得难堪，水准较低的玩笑话是绝对禁止的——它只会降低活动的整体水准。

第五，不能泄露秘密。

如果在前面的事例当中，主持人把演讲者的话抢先说了，或者说出"今天大家一定会捧腹大笑的"之类的话，这些都是不合乎要求的。要正确区分主持人和演讲者要说的话，不能跨越两者之间的界限。

第六，要会应对突发状况。

比如话筒坏了，有一些破坏气氛的观众等突发状况发生时，这些时候就要求主持人充分发挥他的价值，将这些突发状况应对自如，做到有备无患。如此这样，担任活动的主持人，才会显得得心应手。

这种时候，能够说句这样的话！ ——案例分析

04

证婚词

相信读者当中也有不少人担当过证婚人。

证婚词原本应该是邀请上年岁、有威望的老师或是长辈来进行的，但是最近，我们也看到越来越多不遵循年龄、职务等传统要求的现象发生。很多年轻人结婚会邀请朋友或者兄长、近亲等为自己证婚，甚至有些婚礼没有设置证婚环节，直接在主持人的引导下进行结婚仪式的也并不少见。还有的情况是，证婚人不说自己的证婚词，而是直接担任了主持人，他们将话筒递给新郎新娘，让他们自己说出各自对今后生活的打算。哎，世道真是变了！

2010年5月2日，想必很多年轻人都知道，这个日子是电影演员张东健和高小英的结婚仪式。新闻报道说这是"意义非凡的婚礼"，结婚仪式上最引人注目的便是婚礼现场的证婚词了。证婚人代表韩国知识分子们进行了一场别开生面的证婚演说，对证婚词有兴趣的人一定会很关心这场演说的内容。

当我看到网上介绍的证婚词时，除去最后所念的一首诗外，一共只有一篇

二百字左右的稿子，可见这篇证婚词非常简短。但是仔细研究一下内容，就会发现这篇文稿平凡却包含着对人生意义的深刻理解。行文中，没有一处是让人难以理解的句子。从艺人明星结婚的意义出发，它包括了结婚生子、丈夫妻子、孝敬父母等多方面的内容，将这些东西有趣并且有意义地融在了一篇文稿中，非常具有深意。

该篇文稿中，曾出现这句"婚姻生活就是'死亡'的反义词——'生活'"。这句话其实就是我们在前面所学的word play中的方法。然后，证婚人朗诵了一首有关在苦难的时候也不能忘记相爱的诗歌来结束证婚词。可以说，这篇证婚词是韩国最好的一次证婚演说，如果各位对证婚词有兴趣的话，不妨到网上搜索观看。

● 要包含人生智慧：证婚词要领之一

最近在结婚仪式上总是能够看到一些不合常规的场面，或是主持人要求新郎新娘喊出万岁；或是主持人让新郎卧地做俯卧撑，以测试其体力；或是要求新郎新娘在众人面前相互接吻以示感情深厚。如果是这种状况，证婚词就没有必要遵循什么传统规范了。

在喜剧界很有名的一位演员曾在后辈喜剧演员的结婚典礼上做过一次"破格"的证婚词，这篇证婚词非常有意思：

"大家知道我要说什么吧？那就可以了！"如此这般，这位演员便结束了证婚词。哈哈，这还真是一次可以登得上吉尼斯纪录的简短证婚词。

但是这样的证婚词只能发生在他是喜剧演员，新郎也是喜剧演员的场合下。如果是一般人的结婚典礼上，证婚人如果说出这样的证婚词，肯定会落下不好的名声。所以，任何事情都要根据情况见机行事。

在我看来，最好的方式便是考虑一下新郎新娘邀请你做证婚的理由。各位在生活中切实感受到的，有感而发的，想要告诉兄弟姊妹、晚辈们的，将这些话真心地传达出来就可以了。结婚当事人就是为了学习那些东西才拜托各位去为他们证婚的。

好的证婚词，所需条件也和上面所说是一样的。说出各位最想表达的东西，不要做枯燥乏味的演讲，能够做出一场让人铭记于心的演讲才好。这时候，参照多种多样的证婚词是有帮助的。

不要过分强调"过去"，说出一些男尊女卑的思想，要注意强调在婚姻生活中，关心和爱护所能体现的夫妻间的平等。不过，如果为了达到这个目的而选择添加一些过于破格的东西，这样的效果也并不好。因为这些话并不是只有新郎新娘在听，而是婚礼现场所有的人都会在听。

另外，也要考虑证婚词所需的时间。我听过的证婚词中，最长的有四十分钟之久。证婚人也是一位"名嘴"，但我真不知道为什么他要说那么长的时间——那可真是一次没有智慧的证婚词！证婚词当中，也没有必要炫耀华丽的词汇和证婚人自己过人的口才，更没有必要对于夫妇关系学进行长篇大论的演说，务必记住，只要包含着各位的真心话就可以了。

从我自己的经验来说，因为做过两三次证婚，那是和进行公众演讲完全不同的体现。做证婚人会让我感到特别有压力。那两三次证婚之后，在新婚夫妇蜜月旅行回来之后，我还将证婚词寄给他们。以下就是其中的一篇，大概有一千八百字。虽然我个人对其并不是非常满意，但也拿出来抛砖引玉，为读者朋友提供参考吧！

真实案例——我的证婚词

今天是××××年××月××日，阴历四月初八佛祖诞生日。在这样神圣的日子里，我们的新郎新娘幸福地进行他们的结婚仪式。

在此我要感谢在百忙之中来到婚礼现场献上你们诚挚祝福的各位亲朋好友。

我们的新郎×××毕业于××大学的会计系，现在正在×××公司上班。

我们的新娘×××毕业于××大学的计算机系，是和新郎在同一家公司工作的在职人员。

由此可见，这两位是在同一个职场当中相爱才构成了今天这样一个幸福美满的家庭。

原本证婚词如果太长会招人反感，所以我就说一些可以让新人铭记于心的话语。

希望两位可以成为互相珍惜、互相爱护的一对夫妇。

汉字当中有"人"这个字。大家看到这个字后有什么想法呢？那就是两个人相互依靠的样子，也就是包含结婚意义的"人"字。

一个长撇和一个短捺组成的便是"人"字，也就是有着长处和短处的两个人互相扶持、互相帮助，这样便是夫妻，便是婚姻生活。

每个人都必定有长处和短处。新郎新娘的眼中到现在也许还只是看到对方的长处。

因为喜欢那些优点，用现在流行的话来说，就是因为对彼此有感觉所以双方才走到了一起。

但是从现在开始，你们就会发现对方的缺点了。

今后，当你们发现了对方的缺点时，会采取什么样的态度，这便决定了婚姻生活的成败。

如果发现了丈夫的缺点，身为妻子的不应该失望，而应该想着如何用自己的优点去弥补那些不足。

相反，如果是丈夫发现了妻子的缺点，丈夫也不应该感到不舒服，而应该庆幸自己就是因为这样才有存在的理由。

这样的姿态便是"爱"。

所以说，爱并不是得到，而是付出。

根据美国康奈尔大学的研究，男女见面之后产生爱情的火花，那种感觉只能持续三十个月。

一位人类学的教授经过了十五年的研究表明，无论多么炽热的爱情，最多也不超过四年。所以说，爱情这样一个秘方只能持续三四年。

这就是人生。

如果是这样的话，即便到了白发苍苍的时候也能够真心相爱吗？这当然需要双方共同的努力和智慧。

美国历史上有名的琴瑟之好的夫妇便是里根夫妇。

即使里根总统患了痴呆症，连自己的妻子都认不出来，但是做妻子的始终如一地照顾着里根总统，她的这一举动感动了无数世人。

有记者问过里根总统的夫人——南希女士：

"是什么让您蕴含着那样伟大的爱呢？爱情到底是什么呢？"

南希女士回答道：

"夫妻之间的爱不是50对50，而是80对20。双方当中一定要有一个人付出得更多。"

她这样说道。

没错。如果我爱你这么多，你就同样也要爱我这么多。那这并不是爱情，而是交易。

感情也是需要你来我往的，这种思考方式并不能获得爱情。即便没有获得爱情，也甘于付出，这才是爱情。

无论是丈夫付出多一些，还是妻子付出多一点，总要有一方付出更多的努力和关爱，才能维持好夫妻关系，这就是夫妻间生活的秘诀。

这也是夫妻生活的美妙之处。

所以不要总是去计算谁的付出更多，只要努力去更加爱护对方就可以了。

这就是我想对两位说的证婚词当中最想要表达的东西。

从现在开始，你们两位就要开始度过一生的夫妻生活了，所以心中一定有着迈出第一步的打算。

　　两个人约定组成一个家庭，今天站在这样一个场合，已经足以表明两位的决心了。

　　两个人坚定地相爱吧，孝敬父母吧，教育好自己的孩子吧，要将这些对社会和国家有贡献的心当作你们的决心。

　　不要忘记那些坚定的信念。

　　我们总是认为决心只能维持三日，即使是结婚时坚定的誓言也坚持不到三天。其实，意志不坚定是每个人的通病。

　　但是，如果能将三日的决心坚持下去，不是也可以坚持一辈子吗？

　　请将今天这个特殊日子里的决心，每三天都做一次。那样就可以一直过着像新婚夫妇一样的生活了。

　　以上，就是我要说的证婚词。或许，新郎新娘并没有仔细听我说的话。你们可能会因为心情紧张、甜蜜或者没有工夫仔细留意我的言论。

　　希望在蜜月旅行回来之后，在你们的心情安定下来之后，可以再细细地品读一下这段证婚词。届时，我会将证婚词寄给两位。

　　这个世界上幸福的人太少了，并不是因为幸福很难，而是因为少有人愿意去实践。

　　再一次祝贺这两位新人新婚快乐，以此来结束我的证婚词。

　　谢谢！

　　证婚词当中应该包含哪些话语、哪些事例、哪些幽默，这是要依靠平时的构想和看书上网所积累的知识。在现在这个世界上，只要有诚意去学习，资料总是无穷无尽的。将那些资料找来好好包装一下各位的价值观吧，那样说话的话，各位也可以成为一个很好的证婚人。

　　但是有一点一定要记住，无论是多么华丽的文章，都不如各位在生活当中切实体会到的东西更能够真诚地传达含义，请大家一定要记住这一点。

用漂亮的一句话，
来迎接未来属于你的机会

　　到现在为止，我已经介绍过许多"一句完美发言"的方法了。在聚会上要说出一段话，但是不知道说什么而想不出话题素材的人；虽然"知道"得很多，但是不知道要怎样表达才能引起观众共鸣的人；一直认真工作，却还是被那些善于表达的同事超越的人；平生第一次做活动主持人而备感紧张的人，等等，相信这本书可以帮助那些希望自己拥有一副好口才的朋友。

　　但是如果只是停留在读书这个层面上，那些愿望是远远实现不了的。这是因为，说话演讲并不是依靠理论完成的，正如"并不会因为书读得多，实践能力就会提高"一样的道理。即便绞尽脑汁地将我手中所掌握的、头脑中所记住的要领和方法全都传授出来，如果各位不懂得活学活用的话，还是一点儿效果看不出来的。

　　写书的人付诸心血努力号召、动员，其中一定有他们的理由。现实中，想要口才变得好一些，就一定要多读书。不知道在此说成是"精读"是不是合适。特别是有关锻炼、提高口才能力的书，你可能需要读一遍回味一遍，读一行实践一行，要用这样的方式来边读边实验，这样才能够体现出"药效"。从另一层意义上来说，这不就是"自我开发"吗？

"自我开发"到底是什么呢？很多人都会有不同的定义，我是这样解释的：

"扩大可以中箭的表面积。"

人生在世，机会对于每个人都是平等的，唯一不同的在于你是否能够抓得住那样的机会。让能够中"机会"这只箭的盘的表面积增大的过程，就是所谓的自我开发过程，可以说出一句完美的发言的能力，必然可以扩大中箭的机会（而且是大大地扩大）。所以，说话的能力是很重要的。虽然读过书之后各位也可以了解，但是我依然想用我的人生经历来证明这一点。

我现在已经获得了韩国HRD大奖，但是在三十年前刚刚任教的时候，我还是免不了受过许多的批评，经历过很多黑暗的日子。听我讲课的评审团甚至给出这样的评价："讲课完全没有重心，完全不知道到底要表达什么。"诸如此类的指责简直让我羞得满脸通红。从那儿之后，我便下定决心纠正发音，挑灯夜战找资料、搜集演讲稿，练习站在讲台上的姿态，等等。我也是这样一步一步通过艰苦的努力、一次次的实践走过来的。我确信，如果没有当初的那些努力，就不会有今天的我。正像你们今天见到的我，说话的能力在我人生中创造

了许多具有决定性意义的瞬间。

　　我谨以这些自身经验教训来送给各位，希望大家别忽视书中所提到的秘诀和方法，不断地进行练习，在握住话筒的时候，要有勇敢挑战自我的勇气和信心。我相信各位一定可以完美地进行好每一次发言，获得更多的认可和掌声，把握住每一次难得的机会，希望那些机会可以让各位成为令他人刮目相看的人——这就是我写本书的最大的心愿。

——赵宽一

图书在版编目（CIP）数据

一句话你就亮了 / （韩）赵宽一著；千太阳译. 一长春：北方妇女儿童出版社，2013.8

ISBN 978-7-5385-6445-7

Ⅰ.①一… Ⅱ.①赵… ②千… Ⅲ.①演讲学 Ⅳ.①H019

中国版本图书馆CIP数据核字（2012）第104149号

吉林省版权局著作权合同登记号　图字07-2012-3797

一句话你就亮了

作　　者	（韩）赵宽一
译　　者	千太阳
出 版 人	刘　刚
责任编辑	李少伟　熊晓君
版式设计	刘碧微
开　　本	166mm×235mm　1/16
字　　数	200千字
印　　张	14.5
版　　次	2013年8月第1版
印　　次	2013年8月第1次印刷
出　　版	吉林出版集团 北方妇女儿童出版社
发　　行	北方妇女儿童出版社
地　　址	长春市人民大街4646号 邮编：130021
电　　话	总编办：0431-85644803 发行科：0431-85640624
网　　址	http://www.bfes.cn
印　　刷	北京慧美印刷有限公司

ISBN 978-7-5385-6445-7　　　　　定　价：36.80元

版权所有　侵权必究　举报电话：0431-85644803

如发现图书质量问题，可联系调换。质量投诉电话：010—82069336